U0938242

魯金 著

總序

香港史研究興起之前，很多本地早期事蹟主要靠掌故保存下來。所謂「掌故」，是指關於歷史人物、社會風俗以及典章制度等的故實或傳聞。記載掌故的文章，或在報刊上發表，或見於文集、傳記、回憶錄中，是研究歷史不可或缺的參考材料之一。至於掌故是否全部確鑿可信，則有賴歷史學家進一步的考索和印證。

本地報紙的副刊，向以內容豐盛見稱，不乏佳作，造就了多位作家、小説家甚至專家學者。以掌故名家的亦復不少，當中的表表者是魯金，譽為香港掌故大家，是實至名歸的。著述繁富，時至今日仍有可供閱讀和參考的價值。

著名報人和作家

魯金（1924–1995），原名梁濤，祖籍廣東省雲浮市新興縣，生於澳門。以筆名魯金為人所熟知，其他筆名包括魯言、夏歷、魯佳方、老街方、三繞、夏秋冬等。從事新聞事業逾半個世紀，早年曾經在省、港、澳及戰時的韶關各大報章擔任編輯和撰述工作；抗日戰爭勝利後，定居香港。

魯金長期留意香港史事，對人物掌故和時代變遷瞭如指掌，寫成多篇文章，部分輯成專書。他為廣角鏡出版社編著《香港掌故》，總共出版了十三集；又為三聯書店主編「古今香港系列」叢書，當中有幾種是他自己的作品。1992 年，為市政局編寫《香港街道命名考源》和《九龍街道命名考源》。

主編「古今香港系列」

1988 年，三聯書店開始出版由梁濤主編的「古今香港系列」，是認識香港百多年來歷史進程和社會發展的一套重要叢書，備受注意，廣泛流傳。當中《港人生活望後鏡》、《粵曲歌壇話滄桑》和《九龍城寨史話》都署「魯金著」，是他比較重要的專書，視為代表作，似亦未嘗不可。《港人生活望後鏡》介紹了昔日香港流行的生活方式和習俗，包括飲食、時裝、娛樂、中藥等行業，及曾經流行一時的俗語等。《粵曲歌壇話滄桑》系統地敘述粵曲歌壇不同階段的發展，及早期粵曲歌伶、名曲玩家的生平逸事。《九龍城寨史話》搜集了大量歷史材料，並進行實地考察，是了解九龍城寨的基礎讀物。

講述港九各個地區街道的故事，魯金亦優以為之。《香港中區街道故事》和《香港東區街道故事》，均署「夏歷著」，街名來歷及相關事蹟，娓娓道來，除非是老街坊，否則是未必知道的。後來三聯書店編印「香港文庫．新古今香港系列」，除重印《香港中區街道故事》、《香港東區街道故事》外，增出《香港西區街道故事》、《九龍街道故事》、《新界及離島街道故事》，均署名「魯金」。港九、新界齊備，魯金走遍全港是名不虛傳的。

編著《香港掌故》

1977 至 1991 年，廣角鏡出版社出版了《香港掌故》十三集，前三集都是魯金的文章，總共四十三篇。當中有不少文章講述香港的百年發展，如第一集的〈百年來香港幣制沿革〉、〈百年來港澳交通史〉，第二集的〈百年來香港中文報紙版面的變遷〉，第三集的〈百年來香港新年習俗沿革〉和〈百多年來省港關係發展史話〉。

魯金講掌故，比較重視歷史脈絡和時代變遷，例如第一集就有〈香港食水供應史〉、〈香港稅收史話〉、〈香港海盜史略〉、〈香港嚴重的風災史〉等，第二集有〈香港的貪污與反貪污史〉和〈馬年談香港賽馬史〉，第三集有〈香港和中國邊界交通史〉和〈百多年來省港關係發展史話〉。也有關於重要歷史事件的，包括〈五十年前的香港大罷工〉、〈香港淪陷與香港重光〉之類。

第四集起，每集只有一至四五篇署名「魯言」的文章，重要的有〈耆英在香港〉（第四集）、〈香港華人社團的發展史——三易其名的香港中華總商會〉（第五集）、〈香港清末民初武術發展史話〉（第十一集）等。十三集合共有署名「魯言」的文章六十多篇，內容包羅萬有，謂為百科全書式的香港掌故家，亦曰得宜。第二集中〈關於處理香港歷史資料的態度問題〉，頗可注意；第六集中有吳志森的〈魯言先生談《香港掌故》〉，有助加深了解。

其他著作與文獻材料

魯金還有幾種著作。1978 年廣角鏡出版社出版《香港賭博史》；1990 年代次文化堂出版包括：一、《香港廟趣》；二、《妙言廟宇》；三、《香江舊語：老派廣東話與香港民生關係概説》；四、《魯金札記：中國民間羅漢小史》。

總的來説，魯金掌故之所以有分量和特色，主要有幾個原因：第一，有新聞觸角和歷史眼光，而且能夠兩者兼顧；第二，文獻材料加上實際考察，既能互補又有互動；第三，香港事物配合中外發展，洞悉時代環境的變遷。鄭明仁在《香港文壇回味錄》（天地圖書有限公司，2022）中，稱魯金為「香港掌故之王」。

香港中央圖書館香港文學資料室設有「魯金文庫特藏」，從中可見魯金生前收藏的書刊、文獻和剪報材料等，這對於研究一個作家的生平與著作，是十分珍貴和有用的。隨著魯金大量作品的重印及整理結集，他在本地掌故方面所作出的努力與貢獻，相信可以得到更多肯定，亦有助於香港研究的深化和發展。

周佳榮

香港浸會大學歷史系榮休教授

2022 年 12 月

目錄

香港的人口結構

香港政府統計處 6 月份出版一本名為《香港人口》的專書，以 1976 年的中期人口調查為基礎，估計未來 20 年內香港人口結構的趨勢。指出到了 1996 年，本港人口將會達到 580 萬人。這種預測是根據六十年代初期本港人口出生每年高達 11 萬名，而中後期人口出生亦平均每年 8 萬名，因此對未來 20 年人口結構有深遠的影響。這些六十年代出生的兒童，到了八十年代，都勢必先後結婚，是以估計，屆時每年會有 9 萬個嬰兒出世。使九十年代中期的人口，比現時的人口增加約 130 萬人。

人口結構似一個平底葫蘆

且看 1976 年中期人口調查的圖表，這個圖表有如一個葫蘆，圖中每一 X 約代表一千人，十個 X 約為一萬。左方是男性，右方是女性，中間一行的數目字為年齡，最下一個 0 即代表初生嬰兒，最高的數目 90 即為 90 歲高齡的老人。從這圖表的頂端看，86 歲以上的耆壽的老人，只有女性而沒有男性。

從葫蘆尖端向下看，到 65 歲為止，都是陰盛陽衰，是右邊代表女性的 X，多於左方代表男性的 X。但是，由 55 歲至 64 歲，則男女數目相若，表示大部分的老夫老妻，都能同偕白首。雖然圖表中的男女兩方，未必一定是配偶，但男女數字相若，總可以看出端倪。

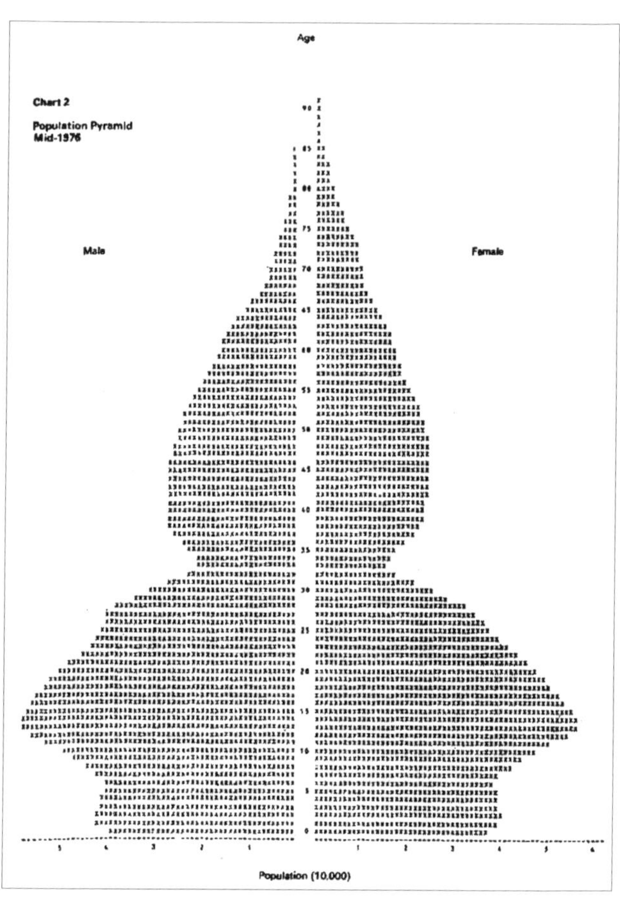

1976 年中期人口調查圖表

圖表中的葫蘆頸的地方，是人口結構中的樽頸，表示 32 歲至 35 歲的人較少。同時，男性比女性略多，為什麼會這樣呢？

分析起來也是有趣的。1976 年 32 歲至 35 歲的男性或女性，他們的出生年期是 1941 年至 1944 年，這正是第二次世界大戰期間，香港被日軍佔領，那時糧食不足，藥物缺乏，人們死於戰亂中太多，出生率大減，死亡率大增，那期間的初生嬰兒，活到了 1976 年，恰是 32 歲至 35 歲，這是該段人口較其他年歲的人口少的原因。他們是從戰火中誕生的人，那時人們的思想仍是重男輕女。

人口最多的一群，是 8 歲至 24 歲。圖表的葫蘆肚的部分，正是由這群人口所構成的，而佔人口最多的部分，是 11 歲至 20 歲，其中又以 14 歲和 15 歲的人口最多。他們都是 1961 年至 1962 年出生的，正符合統計處公佈的 1967 年人口調查所指出，六十年代初期人口出生率高的事實。

這段人口結構，反映到社會上，就發現青年犯罪紀錄增加的原因來。掃毒方面的報告指出，吸食海洛英的人大部分是青年，這也可以從人口結構中找到答案。

20 歲到 24 歲的青年，他們在 7 歲至 14 歲的階段接受學校教育的機會較低，他們的童年，父母所得的工資很低，當時的一般工資，只能維持一家數口的生活，政府的官立小學在他們童年時非常吃香，每到學期開始前，數條的人龍排滿了路邊，很多學童都不能到官立小學去讀書，特別在 1976 年是 24 歲至 29 歲的青年，受教育的機會更低，因此衍生很多問題青年。

再看葫蘆底部的人口結構，從 8 歲到初生嬰兒部分，差不多形成一條直線，表示八年來人口出生率已能控制在一個水平之上，這是家庭計劃會的功績。在這段期間內，是家計會工作最積極的時期，「兩個就夠曬數」的口號為人們所接受，推行避孕和節育等工作，使人口出生率降低。這些年來，本港人口出生約為 8 萬人，因此形成一個差不多是直線形的底部。人口出生率在這段期間，已受到控制。

人口結構影響社會規劃

一切社會規劃，都是根據人口結構來設計的。自 1967 年統計處成立以來，香港政府的各項社會規劃，無一不與人口結構配合。興建大量新屋邨，擴大社會福利服務，暑期各種康樂活動，增闢大量郊野公園，無一不與人口結構有關。今年實行九年免費教育，取消升中試，都是鑑於問題青年太多，絕非社會之福所致。這一切，都是 1976 年人口結構調查的結果。

以上是按 1976 年人口結構粗略的分析，至於 1978 年的人口結構，又有些什麼有趣的問題產生呢？若從各種角度去研究該年香港的人口結構，確是有不少有趣的發現。

統計處的最高估計，1978 年的香港人口為 460 萬 500 人，根據該處的資料，表列如下：

1978 年香港人口估計表			
年齡	女性	男性	合計
0-4 歲	193500	206000	399500
5-9 歲	194800	204800	399600
10-14 歲	237800	249100	486900
15-19 歲	270700	285700	556400
20-24 歲	237100	258800	495900
25-29 歲	188500	211600	400100
30-34 歲	125400	154200	279600
35-39 歲	90200	116800	207000
40-44 歲	115300	134900	250200
45-49 歲	121100	132800	253900
50-54 歲	116200	121600	237800
55-59 歲	99100	101100	200200
60-64 歲	82000	78400	160400
65-69 歲	64300	52800	117100
70-74 歲	46500	26400	72900
75 歲以上	60200	22800	83000
合計	2242700	2357800	4600500

幼兒服裝、家具、玩具和孕婦時裝

從上表可以看到，由初生到 4 歲的兒童，共 39 萬 9500 人。這一群兒童，是幼童服裝和幼童玩具的理想顧客，其中男童佔 20 萬

6000 人，女童佔 19 萬 3500 人，童裝設計家和製造商應該在男童裝上多生產一些，女童裝上也少生產一些。因為男童多於女童 1 萬 2500 人，洋娃娃一類的女幼童玩具，將不及汽車等機動的男童玩具那樣暢銷。

1977 年出生人數是 7 萬 8807 人，1976 年出生人數是 7 萬 6342 人，1975 年出生人數是 7 萬 8200 人，這些出生人口的數字，意味著每年必然有 7 萬 8000 人上下的懷孕婦女。孕婦時裝成為一門新的時裝行業，是很自然的結果。難怪一些大百貨公司，特別是日資的百貨公司，陳列著大批孕婦時裝了。

歐美國家出品的嬰兒和幼童食品，近年在香港傾銷：奶粉、混在奶粉內的其他食品，那些給 2 歲至 4 歲的幼兒食物，都以這批人口為對象，在這方面，國貨商人顯然不及洋貨商那樣敏感了。

幼兒傢俬應該在香港有一定的市場。由於居住環境的不斷改善，嬰兒床和幼兒床應有一定的銷路。童車，供母親用的嬰兒手推車，每年也應有一定的市場。雖然，7 萬嬰兒的母親未必人人都有此等購買力，但即使打個折扣，經營這些行業，仍是有可為的。只要稍為注意一下街上的情況，就會發覺一種可摺合式的嬰兒手推車是非常普遍被使用著。

這只是從初生嬰兒到 4 歲幼兒的人口結構上發現的有趣事例，若深入調查研究，當然不只這些。

圖文並茂的兒童刊物應有前途

至於 5 歲至 9 歲的人口數目，估計有 39 萬 9600 人，當中男性為 20 萬 4800 人，女性 19 萬 4800 人。這群兒童大部分應是幼稚園和小學低年級的學生。他們的消費能力，將比 4 歲以下的兒童為大，他們懂得向父母要這要那，父母將為他們增加開支，亦為商場增加購買力。

服裝、玩具、食品等行業不必談。現在只談出版商和印刷商。因為，這一群人已開始接觸文化，父母也需要給他們一些讀物，他們自己也需要，在接近 40 萬的人口結構裏面，他們是文具的使用者，也是初級兒童讀物的讀者。

在理論上，有 40 萬 5 歲至 9 歲的兒童，應可維持十種以上的兒童刊物，但是香港目前，這類兒童刊物很少，只有三四種而已，而且銷路不如理想。是不是香港缺乏辦兒童刊物的人才，還是沒有人肯大量投資？記得在五十年代，本港人口結構和生活水平還未達到現今的高水平時，也有過幾本非常暢銷的兒童刊物。但後來，這些讀物被一些意識不正確的連環圖畫所代替。連環圖一類的書刊相當暢銷，也許就是因為缺乏意識正確而具健康性質的兒童刊物的緣故吧？

所謂意識正確的兒童刊物，是指用圖畫和少量的文字，去啟發兒童的思想，讓兒童吸收新的知識和分辨善惡，給他們以道德的觀念，懂得勤學和遵守秩序。當生活水平比 20 年前已提高的今日（按：著於七十年代），這類刊物竟然不多也不暢銷，應是社會工作者研究的課題，也是出版商要注意的事。

有人認為電視已代替了兒童刊物，今日的 5 歲至 9 歲的兒童，整天沉迷於電視機前，看卡通片和其他節目。但筆者認為，電視上的兒童節目只是娛樂性的，並不能滿足兒童的求知慾。兒童刊物是兩者兼備，不是電視節目所能代替。也許在電視面世時，確曾有過影響兒童刊物銷路的事實，但時至今日，兒童刊物應有資格對電視節目給予影響的。如同電視初興時，電視台影響報紙的廣告收入和銷路一樣，往後電視台反而要在各報刊上大登宣傳它的節目的廣告，而報紙的銷路也是與日俱增。

假若筆者的意見被事實否定，那末，主持電視台節目的決策人士，應多多為 5 歲至 9 歲兒童設想。

意識上投入社會的一群

10 歲至 14 歲的人口總和，估計為 48 萬 6900 人。男性 24 萬 9100 人，女性 23 萬 7800 人，比對男多於女約為 1 萬 1300 人。這些幼童，應該大部分是學生，而且是小學高年級和中學低年級學生。此階段的女孩子開始懂得打扮自己，男孩子向體育活動上發展的較多，一般入息低微的家庭裏，女孩子也多幫助母親處理家務。

香港勞工法例規定，14 歲以下的兒童不能受僱於工廠或商店中工作，因此不是學生的成分很低。自然，不能排除窮苦人家的 14 歲孩子幫補家計或出作小販的可能性，但在實行九年免費教育之後，這部分人口應以學生成分看待。

因此，這 48 萬多的人口，全部都是消費者，父母為他們的消費而增加負擔，而他們自己的消費又比下一級的人口結構為大，他們給商場帶來龐大的購買力。

用商業角度看這群中童，服裝業的規劃仍是以樸素的學生服裝為主，但香港的女孩子較男孩子早熟，是以在這部分人口結構當中，12 歲至 14 歲的女孩子服裝，應趨於鮮豔奪目這類，牛仔褲、鮮豔的 T 恤，就是她們的常服。男孩子在這段年齡中，一般還不懂得打扮，白恤衫、單色的運動恤，是他們最喜愛的。

一家八口一張床的時代，基本上已經過時，現在是一家四口兩張床的居多，孩子大了應該分床，故而碌架床應是最暢銷的家具。住一房間的小家庭，當孩子到了這段年齡，便要分床而睡，而分床的辦法就是碌架床一張，上格給男孩子睡，下格給女孩子睡，或者，用三格的碌架床，長的睡最上一格，次長的睡中格，父母睡下格。一般新區的小單位住宅，孩子睡的碌架床多放置在小廳上。總之，除了中上人家為這段年齡的兒女添置獨立臥室的傢俬之外，其餘多用碌架床。它在說明：碌架床是香港眾多臥床中最暢銷床類的主要原因。

之後的 10 歲至 14 歲兒童，並不完全是「家庭裏的兒童」，他們對社會所發生的事物已漸感興趣，礙於篇幅所限，不能夠詳細分析其原因，惟有舉幾個例子說明。金禧中學事件中參與的女同學，也有 13 歲和 14 歲。信義學校的請願事件中，這段年齡的學生也不少。此外，官辦的「警訊少年」運動，這段年齡的學童亦佔大部分。這一切，在說明了他們對社會的投入。

教育界的老前輩們，應否從教材和教學方法方面重新檢討一下呢？刻板而古老的教學方法，面對這群在意識上開始投入社會的學生，是否過時？部分舊的教材，應否作些改革？這都是需要研究的。

這段年齡的學生，對報紙、刊物、電視都有一定的興趣，不然的話，他們不會有投入社會的傾向。本港報刊的銷量與日俱增，也以這一批學生為起點。此外，青年讀物、小說、畫報亦如是。

一群初級勞動人口

15 歲至 19 歲的人口，總數為 55 萬 6400 人，這是全港人口結構中數量最多的一群。這群青少年有男性 28 萬 5700 人、女性 27 萬 706 人，比對下男多於女 1 萬 5000 人。分析這群人的成分比較困難，因為他們一部分已領取成人身份證，可以就業，其中年齡較小的，亦可以當合法童工。在金字塔式的教育制度下，這群人到底有多少學生？有多少工人？有多少生產者？又有多少純消費者？在此很難確定。

但教育司每年 9 月必向統計處提供學生註冊人數，今年（按：1978 年）9 月未到，我們可根據去年（按：1977 年）的學生註冊人數，粗略地計算一下，或許得出這部分的人口結構中，到底有多少學生。

根據 1978 年《香港年報》附錄 20〈學生註冊人數〉，中學生總數為 48 萬 8044 名，就以此與 15 歲至 19 歲的人口數目 55 萬

6400 人比對，已有 6 萬 8356 人不是學生了。48 萬 8044 名中學生中（包括初中生在內），若扣除初中生的人數作保守估計，這段人口的非學生部分，應當有 24 萬人以上。

再根據 1976 年〈從事經濟活動人口表〉（見第 15 頁）15 歲至 19 歲的從事經濟活動人口是 23 萬 34 人。這批從事勞動的人口當中，男性參與率是 40.3%，女性是 47.9%，就以這個比例來計算，55 萬多的人口中，便應有 24 萬多人參與勞動。

24 萬名青年男女投入社會，向各個領域中補充進去，使每個行業都有青年人參加。我們稍為注意一下，在酒樓、餐室等行業中，這段年齡的青年男女實在不少。電子業工廠、玩具廠、製衣業等工廠，都是吸收這群青年人參加工作的地方。

由於這段人口男多於女，女性就業機會比男性為高。但色情事業的陷阱，則以月入數千元為餌在引誘她們，舞女和酒女中，18 歲至 19 歲的少女也不在少數。

踏入社會的青年，在不良的社會風氣影響下，使青年犯罪率在增加，幸而並不嚴重。《香港年報》附錄中關於教導所，青年奴役中心，1977 年的人數是 575 人。〈裁判司的工作〉一章裏，有下列的數字，可供參考。

年份	定罪的成年被告	定罪的少年被告
1975 年	53 萬 6310 人	3252 人
1976 年	60 萬 4982 人	4074 人
1977 年	53 萬 9050 人	4660 人

少年被定罪的人數迅速增長，顯得青年問題應早注意。政府鼓勵賭風的政策應注意。雖則 1978 年開始，馬會的場外投注站將原規定不足 17 歲的人不能進入，提高一歲，改為 18 歲以下的人不能進入，這顯然是不夠的。麻雀館和舞廳，以及一切不規則場所，都以 18 歲為法定許可進入的年齡，黃色電影就只有「兒童不宜」這些字眼，18 歲至 19 歲都是法定的觀眾了。這樣合理嗎？

不良社會風氣向這群人口結構的人士腐蝕，被腐蝕的應是離開學校的一群。但如果不從現在開始正視問題，五年之後，人口結構一級級地升上去，則未來五年，20 歲至 24 歲的青年情況就顯得更成問題了，這可是具有龐大消費能力的一群。

具有龐大消費能力的一群

20 歲至 24 歲的人口，是僅次於 15 歲至 19 歲的人口，總數是 49 萬 5900 人。男性 25 萬 8800 人，女性 23 萬 7100 人，男女比對下男子多於女子 2 萬 1700 人。這群青年有多少接受大學程度的學業呢？1978 年《香港年報》透露，大專學生人數為 1 萬 1979 人，加上成人教育 7 萬 5281 人，以及特殊教育的 6698 人，全數是 9 萬 3958 人，這些算是能夠繼續學業的一群了，但其中佔最多的接受成年教育的 7 萬多人當中，大部分都是業餘性質的，因此可以把這一結構的人口視作大部分都已投身社會，正是就業的一群了。

他們既是就業的一群，便有龐大的消費能力，商人面對這一群，都在各出心裁，爭取這班顧客光顧。在食品方面，他們可是快餐店的主顧，看來近年開設快餐店的數目大增，也與此有關。汽水和啤酒的銷量一同激增，每當新奇的食品和飲品投入市場，也最易為他們所接受。有個有趣的例子可以説明人口結構的重要性。十年前（按：約 1968 年），本港還未有快餐店，已經有一種名叫家鄉雞的快餐店，但家鄉雞卻不能維持下去。現在，炸雞腿、炸雞翼卻是十分流行，正因十年前這一結構的人口並不龐大，就業機會不如現今高，消費力和接受新食品的興趣不如今日之大的緣故。

由於男性多於女性，這段人口中的男性，不易獲得同年齡的女友，他們只能向一級的女孩子群中找尋，於是 23 歲或 24 歲的男子，和 17 歲左右的女子成為密友的比率很高，在公眾場所、公園、林蔭道上，常常見到這樣的情侶。而這段年齡的男子被控與未成年女子發生性行為的案件常有發生，原因也在此。

近年本港的男性趨向於遲婚，24 歲置家的男子比率不高，反觀女子出嫁，則多在這一段年齡內，比男子的結婚率高得多。成家立室之下造就更多的樓宇需求，是以政府興建更多的廉租屋，又推行「居者有其屋」計劃，推動地產商多建小單位的樓宇。去年（按：1977 年）共有 3 萬 9700 對新人在婚姻註冊處註冊，3 萬 9000 多位新娘屬於這段結構中的女子，佔的比例很大。

男女懸殊所產生的現象

談到婚姻，25 歲至 29 歲人口總數為 40 萬 100 人，其中男女比例更加懸殊，男有 21 萬 1600 人，女有 18 萬 8500 人，男比女多出 2 萬 3100 人。而 30 歲到 34 歲的人口，數量忽然下降至 27 萬 9600 人，男女仍是懸殊，男有 15 萬 4200 人，女有 12 萬 5400 人，男多於女 2 萬 8800 人。因此看來，男子到了 34 歲以上，就不易得到配偶。女子到了這段年齡，一般多已結婚，就算未結婚或改嫁的，也不難找到伴侶。

35 歲至 39 歲的人口數量，是全港人口結構中，從青年到中年階段中人數最少的一環。上文提到，在第二次世界大戰中出生的人口很少，這一群就是生於 1939 年至 1943 年的，是以總人數只得 20 萬 7000 人，男有 11 萬 6800 人，女有 9 萬 200 人，而男多於女 2 萬 6600 人。

由 25 歲到 39 歲這群人口的總和，是 88 萬 6700 人，男子總和是 48 萬 2600 人，女子總和則是 40 萬 4100 人，比對下男多於女達 7 萬 8500 人，意味著找不到伴侶的男子頗多。因為這階段，應屬結婚年齡。

一大群找不到伴侶的男性，有機會成為經營「色情事業」者的對象，色情架步、色情書報因此充斥市面，電影製片家製造大批色情電影都是鎖定這群人作為顧客。

色情暴力罪案的增加，應該也是與這段人口男多於女的現象相關。當然，如果沒有受到上述那麼多的色情事物煽動，是不會那麼多罪案發生。

話又得說回來，這群人也是勞動力最強盛的，48 萬多名男子是這個社會的支柱，無論你到哪個角落，都會見到他們，商業機構、銀行、工廠，各行各業，最能幹的、最熟練的，都有他們。

女子在這段年齡中大部份應已結婚，雖然仍有婚後繼續工作的傾向，但就業人數估計不會超過一半，因為她們婚後大多已成為媽媽，但托兒服務並不普遍，她們回歸工作是有困難的。

有一份〈從事經濟活動人口表〉和〈1976 年勞動人口參與率表〉，可供參考：

從事經濟活動人口表				
年齡	1961 年	1966 年	1971 年	1976 年
15-19 歲	8 萬 4853 人	19 萬 6300 人	22 萬 8193 人	23 萬 3000 人
20-24 歲	14 萬 6060 人	14 萬 9390 人	26 萬 9718 人	36 萬 7000 人
25-34 歲	35 萬 2886 人	30 萬 8560 人	29 萬 2608 人	42 萬 4000 人
15-64 歲	116 萬 9300 人	136 萬 910 人	158 萬 546 人	188 萬 1000 人

1976 年勞動人口參與率表		
年齡	男性（%）	女性（%）
15-19 歲	40.3	47.9
20-24 歲	88.4	76.7
25-34 歲	96.6	50.5
15-64 歲	82.5	50.1

這兩表雖是 1976 年中期人口調查的統計資料，但仍然可以看出參與勞動的人數相當多，即從 15 歲至 64 歲的男子人口總和的 82.5% 都參與勞動，而 25 歲至 34 歲的女性，只得 50.5% 參與勞動，不過超於一半多一些而已。15 歲至 64 歲的女性參與勞動率是 50.1%，即從離開學校到老年，平均有一半女子參加勞動生產。

由於篇幅所限，寫到這裏只能作一小結。1976 年中期人口調查，全港人口 444 萬 3800 人，其中參與經濟活動的人數為 188 萬 1000 人，而且只限於 15 歲至 64 歲的精壯人口，這段人口，當年是共 284 萬 4900 人，佔全部的 64.2%，即除男性的 82.5%、女性的 50.1% 參與經濟勞動之外，其餘男子的 17.5%，女性的 49.9% 都不是生產者，亦包括失業者在內。

1978 年約增加人口 20 萬，使 15 歲至 19 歲的這群人口數目大增，加上香港內部經濟增長，就業人數當比 1976 年為多，商場亦因此繼續興旺。

年青一代的就業機會增加，他們長期也接受香港式的教育，反映於消費市場上，是競尚新奇，對傳統式的食物和服裝，不會有多大興趣。月餅、粽子、臘味、賀年糖果（糖冬瓜之類）等食品自然不會受他們歡迎，也未必隨香港的人口增長而增加銷路，但新形式的食物則易接受。

有人說今年服裝和鞋類的款式趨向於復古。這所謂復古，是中年以上的人才會說的，在佔人口比率高的年青一代，他們未見過從前的款式，便視為新裝。同樣所謂復古，也決不是將古裝硬搬出來。時裝設計家運用的規律，一向採用 35 年一循環的方式設計，這規律也是符合本港的人口結構。

在文化方面，港府需要人們有歸屬感，因此作了很多努力，改變了不少政策。但奇怪的是，它仍堅持保留很多過時的法例，這些法例，已被年青一代的社會名流攻擊過。這件事反映到上層方面，仍有很多保守派在當權者中。

由於年青一代，在求學時期對於中國的新事物一無所知，而投入社會後，新中國的一切對他們也有一定的吸引力，是以最暢銷的報紙，都是有一定的篇幅刊登這類新聞，反而純娛樂性的報紙，銷路不會很廣。

至於年長的一代，因為經歷過第二次世界大戰的困苦時期，思想存有「積穀防飢」的顧慮下，生活和消費，都是保守的；年青一代因未經歷過戰亂，思想上抱有「千金散盡還復來」的樂觀情緒。這反映於消費方面，就與老一代的相反，由此形成近年來文人筆下所說的「代溝」。也正因年輕一代的樂觀心態，分期付款成為金融市場追求高利率的基本方法。這種形式的放款，使不少年青人從勞動者變成小資本家。

賭博的新形式，也是針對這群佔人口比率高而有消費力的年青一代。馬會採用的年青騎師，開辦各種新形式的賭博方法，都是為了從他們的腰包裏要錢。但是，這就驅使貧富懸殊繼續擴大。假如戢止賭風，這年青一代的財富能用之於社會，該有多好啊！

香港早期的教育面貌

金禧事件所引起的爭論，相信會持續下去，不管將來的結局怎樣，這件事本身已有歷史意義。加上從調查委員會主力調查，以便建議將來如何避免事件重演這一點看，這件事已在香港教育史上，佔有重要的一頁。

筆者一向認為，研究歷史和它的發展過程，會幫助了解現在或將來所產生的若干事件，因此這次談談過去香港有關教育方面的掌故，希望藉此能了解一下目前（按：七十年代）所發生的事件的本質。

開埠後六十多年的無政府狀態

香港開闢為商埠，是在十九世紀四十年代，但香港政府實際重視教育，卻是在二十世紀的一十年代才開始的。從 1841 年至 1912 年，凡 60 年有多，都是處於無政府狀態中，香港既無教育政策，亦沒有為全港市民考慮到是否需要接受教育。

這一點，我們可以從《教育條例》最初頒佈的年代考證得知。翻閱《香港法律彙編》，有關教育方面的條文，計有 1875 年第 7 號《聖保羅書院條例》，及 1892 年第 10 號《拔萃學校幼稚園立案法團條例》，以及 1907 年第 2 號《香港西醫學堂立案法團條例》，和 1911 年第 10 號《大學條例》等。這些都不過是一些學校成為立案法團，及由政府監督管理學校的少數法例而已。

第一次訂立《教育條例》是 1913 年。這是香港教育史上首次為管理學校而訂立條例。但這條法例並沒有負起教育責任，它的目的，在於改善學校環境衛生，不同於現行的法例。對師資、課本、教學方法等項有諸多的限制。

然則在 1913 年之前，香港的教育面貌是怎樣的呢？先說官方的組織，那時並沒有教育司，只有一名督學，負責監督政府所辦和補助的幾間學校。《歐洲在中國：從開埠到 1882 年的香港史》（*Europe in China: The History of Hong Kong from the Beginning to the Year 1882*）的作者歐德理先生（E. J. Eitel, 1838-1908），就是當時香港的督學。

為什麼會這樣的呢？若要分析起來，並不奇怪。因為香港被開闢為商埠，原意也就使它成為一個轉口商港而已，執政者的著眼點，在於如何吸引內地的富商巨賈、官僚地主到來推動這個城市繁榮起來；也吸引已破產的農民及小市民，到這商港來出賣賤價的勞力。是以一切的措施，都集中於軍事、政治、經濟這幾方面，至於教育問題，自然是次要中之次要了。

然則香港初期的教育面貌，是怎樣的呢？

先說華人方面：在開埠初期，香港本有不少鄉村，如赤柱村、香港村、黃泥涌村、薄扶林村等，這些鄉村都設有私塾，鄉村兒童就在那裏讀書。現在各鄉村已經不復存在，要考證那些私塾的名稱和執教者的姓名，已不可能。但只要你相信，當義律（Sir Charles Elliot, 1801-1875）和砵典乍（Sir Henry Pottinger, 1789-1856）登陸香港的時候，香港的原居民不會全是目不識丁的文盲，就應該相信各鄉村都有私塾。不然的話，那幾張歷史性的中文告示，豈不白白貼出來了？

1843 年設龍津義學

有史可稽的，開埠後所辦的華人學校，是九龍城的龍津義學。這間義學，是香港開埠後，華人因為不了解香港的教育政策，因而集資興建的。我們可從新安縣知縣王銘鼎（1862-1928）所寫的碑記：〈九龍司新建龍津義學敘〉中看得出當時建校的宗旨和建校的情形。該碑敘全文云：

有因時制宜者出，相機勢，備經營，即事求治，而招攜懷遠之意，以寓蓋世經濟之才，如此其難也。粵東素稱樂土，人文與中州相埒，貨財之所萃薈，番舶之所駢集，富庶又甲於他省。新安地濱海邊，邑縣有官富司，猶濱海邊司耳。然衣之裔曰邊，器之羨曰邊，器敝自羨始，衣敗自裔始，則凡官邊地者，靖共厥職，宜什伯中，而厭薄之，獨何心歟？道光二十三年，夷務靖後，大吏據情入告，改官富為九龍分司。近量宜於遠，築城建署，聚居民以實之。雖備內，不專為禦外，而此中稟承廟謨，計安海宇，誠大有濟時之識於其間，而非苟為勞民而傷財也。今年余奉調視事，巡檢許君文深來言，有龍津義學之建，副將黃君鵬年，通判顧君炳章，喬大令應庚及許君捐銀若干為經始地，租歲可得若干以資生徒，仿古家鄗之制，擇其尤者居焉，人必胥奮。嗟乎，此真即事求治，能以無形之險，固有形者也。今國家民教覃敷，武功赫耀，無遠弗屆，九龍民夷交涉，人

龍津義學的正面

> 情重貨寶而薄詩書，有以鼓舞作興；則士氣既伸，而外夷亦得觀感於弦誦聲明，以柔其獷悍之氣，所為漸被邊隅者，豈淺鮮哉？落成，司人以文請，既滋愧許君能助我不逮，而重為司人深無窮之望也。記之俾勒於石。

道光二十三年，即公元 1843 年，當時香港的地位，已由《南京條約》所認定，所以屬於新安縣的香港各鄉村的村民，便在九龍城內，籌款建立龍津義學。碑文中的「夷務靖後」，就是指出 1843 年的環境，而「能以無形之險，固有形者也」及「人情重貨寶而薄詩書，有以鼓舞作興；則士氣既仲，而外夷亦得觀感於弦誦聲明，以柔其獷悍之氣」。這都顯出建立這所學校的目的了。

這所龍津義學，戰前仍然存在。規模相當壯麗，有貢院的氣派。門前有小廓，經石級上去，正門是一牌坊，刻著「龍津義學」四字，是當時新安縣知縣王銘鼎所書。兩旁有門聯：

龍津義學的側面

其猶龍乎？卜他年鯉化蛟騰，盡洗蠻煙蜑雨。

是知津也！願從此源尋流溯，平分蘇海韓潮。

龍津義學對面的一幅大照壁，上面有四個大字，寫著「海濱鄒魯」，旁邊還有一座魁星閣，是光緒二十三年（1897 年）所建。由此可見，這間義學自 1843 年後，仍是不斷發展。

至於由英國人所辦的學校，也是始於 1843 年。這所名為英華書院的學校，是香港最早建立的英文書院。據《香港基督教會史》第四章所載關於英華書院的歷史，有如下的記載：

創辦時期 —— 考英華書院於 1818 年，創設於南洋馬六甲，創辦人乃倫敦傳道會首次派遣東來之馬禮遜協辦人米連，創辦原旨，乃培育華人宗教青年，為協助廣傳福音之用。故馬氏嘗特撥英金千磅，為該校學額，惜在福音初佈之期，能成功之人不多。碩果僅存，可為後人景仰者，僅中華第一宣教師梁發，及第一牧師何福堂而已（何福堂，又名進善，乃本港已故名律師何啟之父。校內禮堂之進善碑，即留誌何公之紀念品也）。

遷港時期 —— 1841 年，香港屬英，英華書院遂於 1843 年，由理雅各遷來香港。初在荷里活道與士丹頓，伊利近與鴨巴甸街之中間地點開設。爾日生徒濟濟，而在社會卓犖有名者，如唐景星、何崑山、梁柱臣等。初時，尚未建立教會，信徒多在校中聚集崇拜，施水禮受聖餐，故有英華書院公會之稱（見薄扶林華人基督教墳場第一級西便，有英華書院公會教友之墓）。並在校內設印刷場，自製銅模活板，印刷聖經，今日尚存之明字聖經，即同治三、四、五年（1865-1867 年），英華書院所印訂者也（該校仍存有新舊約全卷）。及後香港政府決辦皇仁書院，委任理雅各充校長，顧彼失此，英華書院接辦乏人，遽爾停辦。（停辦原因無從考據，聞馬禮遜學額亦同時湮沒，是否連同渦校，抑另撥別用，不得而知，曾經威禮士牧師多方考查，亦不得確據，培養宗教人才之基金如此消失，誠屬憾事！）校內印刷之銅模，則由循環日報承受（想近年已廢棄矣），聖經印刷之唯一機關亦一同關閉矣。

重興時期 —— 1911 年，道濟會堂長老區鳳墀、何芹浦、尹文楷等，與皮堯士、威禮士、張祝齡、三牧師，磋商重興英華書院計劃，惜因何芹浦長老逝世之故，忽爾停頓，直至 1913 年冬。荷倫敦傳道會總部，應許贈予文學教員碩士曉士東來任校長，重興遂成事實，1914 年春，開辦之初，租賃堅道東九號巨廈頗適用，（其時校董區鳳墀身故）尋以拆卸之故，乃遷來堅道中六十七號盧宅，未幾又遷入堅道西四十五號陳宅，數年後又向政府租賃（般含道八十號）歐戰充公之德人屋宇（原屬禮賢會德國教士住室），其時學生雲集，考大學試亦超卓，為社會所稱，校董會除尹文楷、何麗臣、何少旒、皮堯士、威禮士、張祝齡外，旋又加入吳文軒、區斯湛、馬永燦、孫志興、歐亮、黃詠德等。

奮鬥時期 —— 自遷入般含道後，以租項薪水加增之故，入不敷支，校長曉士除教授管理學務外，復費神於經濟問題。每於校董開會，直至深宵，無從解決，會中提議公請公理會堂加入協作或可助一臂之力，承推舉翁挺生牧師、及鄭幹生、羅春山、顏君裕、徐慕法等為校董，共同策劃，仍難裕如，於無可如何之下，乃決定請求政府助賞，港府以該校成績斐然，只欠經費，乃允所請。

看過這一篇英華書院的校史，差不多可以看出香港前期的教育情況。英華書院初時由馬六甲遷來香港，經費都是由教會籌措的。政府對它完全沒有資助，直到該校由於經費不足，恰政府改辦皇仁書院，以致連該校的歷史也告中斷，基督教教會多方考查，也無法將中斷的一段校史續回。直到 1911 年復校，經費仍極困難，到 1917 年，才獲港府補助。

官立學校遲至 1889 年正式開設

除了英華書院之外，聖保羅男書院也是 1843 年成立的。不過，開課日期則在五年之後的 1848 年。

《香港基督教會史》載云：

> 香港聖公會之聖保羅男書院，始創於 1843 年，為遠東英漢文書院之最古者，初由港教區聖公會首任牧師尹先山頓氏奠其基，後五年而校舍乃成，開辦至今已有九十餘稔。（作者按：《香港基督教會史》出版於 1941 年，故云九十餘年）校舍亦時加建設與改革，最近更多闢教室，以廣收容，然全校學額以四百五十名為限，寄宿生則以七十五名為限，使易於管教，以便造就也，該校畢業生可直接投考本港及國內各大學，尤以投考上海聖約翰大學得以特殊優待，該校編制分高中初三級，共分十四班，總計八學年。

以上是香港初期最早開設的學校，但這些學校，沒有女子就讀，是清一色的男子學校。至於香港的女子學校，最早成立的是哪一間呢？計第一間是英華女校，第二間便是拔萃女書院。《香港基督教會史》對英華女校的歷史，有如下的記載：

> 溯英華女校校史，實基於 1846 年倫敦會創辦之第一所女學。早二年，即 1844 年，馬禮遜博士在麻六甲所開設之著名中英文中學即由歷博士（Dr. Legge）遷來香港，而其夫人則為女學之創辦人，在百年前之香島而提倡女學，若非目光遠大，信心堅強者，孰能預測中國女子教育之在香港能有今日之進展耶？無怪其女校之開始，只有求學者七人也。
>
> 洎 1850 年學生始增至十三人完全住校。學科則中英俱備。自 1852 至 1858 年，校務由湛夫人（Mrs. Chalmers）肩任，1859 至 1863 年始有盧女士（Miss. Legge）助理，並聘漢文教員一人與關元昌師母同任教員（按：關師母不過承名助教，而實任教員乃其第八女公子，即現在之容星橋夫人）。1863 至 1876 年之過程，無可稽考。然

1909 年，聖保羅男校師生合照於校園。

自 1876 年以後，曾設立受政府津貼之走讀學校多所。迨 1888 年倫敦會灣仔堂之寄宿學校始胚胎而生，至 1891 年曾停辦，又 1894 年瘟疫盛行時，再一度暫停，以後則繼續辦理，直至有遷來今日校址之必要。西摩路上之校址由倫敦會撥出後，即於 1898 至 1899 年間，建築第一所英華女校校舍，1899 年 12 月，灣仔校之學生共十四人遷來新址後，即於翌年正式揭幕，牒喜蓮女士主理搬遷事宜，旋於 1891 年任校長職，畢生獻身於學校，四十餘年如一日。至於第一任之華人校長則為王煜初牧師之女公子溫王氏，旋卒於 1903 年，遺缺由其從妹王清蓮接任。遷校第一年學生人數增至三十四人，教員二人，迨 1907 年，學生乃有四十七人，其中住校者三十六人，有男教員一人，女教員二人，而學費亦於是年開始徵收。1910 年學校之情形開始變易，非如住者純以住讀為主，蓋是時校址附近街道已闢為華人住宅區矣。於是走讀生來校求學者日眾，校舍不敷；遂於 1911 年加建新屋一所，由 1910 至 1920 年間，學生人數由六十五人遞增至將達三百人。

至於拔萃女校，比英華女校晚了幾十年。該校設於 1890 年。查拔萃書院，創設於 1860 年，那時所收學生，不分男女，可以說是一所男女同校最早的學校。但它不是不分種族的學校，所以實際上，初期在該校讀書的，男生有中國人，但女生則絕對沒有中國人。到了 1890 年，才開設拔萃女校，原日的拔萃書院，則屬全男校了。

以上這些學校的校史，已為香港早期的教育面貌繪出輪廓來。從 1843 年到 1886 年，政府對於這些學校，並沒有提供多大的資助，校方只靠教友和校友、買辦階級、外籍富豪的捐助，才能維持下去。到了 1889 年，英華書院的故址才改建為皇仁書院。

此外，庇利羅士女校亦必須一提。該校於 1883 年由庇利羅士（Emanuel Raphael Belilios, 1837-1905）捐資興辦，到了 1893 年才移交政府接辦。這是港府官立第二間學校，亦是第一間官立女子中學。這些學校，都是英文學校，至於官立中文學校，則更加晚出，那是 1928 年以後的漢文中學。

1887 年的教育經費

但是，若從官立的政財支出項目去看，1887 年已有教育經費的支出，茲據 1932 年出版的《循環日報六十週年紀念特刊》內，關於香港早期教育的官方數字，表列於後：

年份	官校生人數	津補校生人數	教育經費
1887	1814 人	4160 人	4 萬 3070 元
1888	1933 人	4325 人	4 萬 5518 元
1889	2293 人	4814 人	4 萬 4321 元
1890	2514 人	4656 人	5 萬 6081 元
1891	2540 人	5132 人	6 萬 0359 元

從上表看，1887 年官校及補助學校的學生人數為 5900 多人，到 1891 年，已有 7600 多人，當時香港的人口約為 24 萬人，而 1887 年的財政預算則為 109 萬餘元，教育經費只佔 4 萬 3000 餘元，佔整個財政支出只有百分之四多一些而已。

同時，必須指出，這些教育經費是包括官立的英童學校以及各種為英人而設的學校經費在內，此外還有其他種族的學校（如印度學校等的補助經費在內），而實際受惠的，幾乎全部是與宗教團體有關的學校，即所謂教會學校。

至於早期華人教育情形又怎樣呢？當時仍在科舉時代，因為這些官立及補助的教會學校著重英文一科，對四書五經的講授較少，那些報讀的青年很難參加鄉試，所以他們多屬買辦階級的子弟、商人的子弟等。他們有一種觀念，認為有錢即可捐官，因清代有捐錢得官的慣例，功名不必從考試得之，只要將來當了買辦或與外國人做生意發財了，就不愁沒有官服可穿。

相反，早期的華人教育全屬私塾式的，由老師宿儒主持，讀的是四書五經，以便應考科舉。至於一般小商人的子弟，只希望讀幾年卜卜齋，學識寫一些字，就可到商店去當學徒小廝，學做生意。故此當年的華人教育，全賴這類私塾和蒙童館維持。

同治十三年六月初九日（1874 年 7 月 22 日）的《循環日報》，報上有一段裕文堂告白，題為〈幼童初學各樣書籍發售〉，可供參考。從該段廣告，可見當時的教育情形，亦可見當時的教育以英文為主。

該廣告第一行，有如下的字：「法士卜，昔近卜，撻卜，科卜，輝乎卜，列丁卜。」所謂「卜」者，英語書之謂，法士卜，

幼童初學各樣書籍發售

法士卜昔近卜鏈卜科卜歸乎卜列丁卜女仔醫士畢騎卜信札書曲昆館書遮忽于威宜小卡藍麻又大卡藍麻搭孖士卡藍麻鮮臣分卡藍麻舊館常用卡藍麻花旗卡藍麻類字辨似書英文字典初學寫字兩石版石筆〇又有番文辭成唐文書籍談天代微積拾級重學淺說西醫略論算學大英國志化學初階西藥略釋西醫新法格物入門地理問答十八省地理圖植物學博物新編西國學校伊娑菩喻言遊歷稅則中外和約汽機發軔汽機必以汽機必以附卷冀學啟蒙化學分原化學鑑原製火藥法運規約指地球說略晉法戰記〇唐番字書英學字典英語集全華英通語智環啟蒙集話書法士卜北方地理志〇唐文譯番文直解四書四書白文書文公榮泉路

同治十三年 六月初五日

中華印務總局內文裕堂啟

裕文堂告白

即第一冊；昔近卜，即第二冊；撻卜，第三冊；科卜，第四冊；輝卜，第五冊。至於列丁卜，即讀本。此外，廣告中又有「士啤聆卜」即串字書，又有「卡藍麻」為文法書。總之，從這段廣告，亦可見當年香港教育之一斑，官立與補助學校，教的大部分是英文，中文課本則只一二冊而已。

育才書社設於 1891 年

到了 1891 年，才有第一所華人學校開設，當時商人劉伯鑄（1870-1926）覺得香港只有英文學校，沒有中文學校，實屬不當，於是發起開設中文學校，以教中文為主、英文其次。但他又希望吸收參加鄉試的學生，不願用學校的名稱，是以這所學校稱為育才書社。

辛亥革命前夕，全國已廢科舉，開設學校。香港在這幾年間，中文學校亦開設很多，可以說，從 1900 年開始，年年均有開設。國家動亂，香港的人口急劇增加，學童也相應增加，加上來了一批有民族意識、熱心教育的知識分子，於是中文學校如雨後春筍，紛紛開設。

由於辛亥革命推翻滿清政府，學校的教育方法已和從前私塾的老師宿儒完全不同，課本也採用內地的新教科書。學校越開越多，但採用的課本雜亂無章，師資的質素良莠不齊。在面對這些私立學校急劇發展的新形勢，香港政府才於 1913 年制訂《教育條例》。

1913年的《教育條例》，於1933年曾加以修正補充，該條例大意如下：

（一）凡在香港私立教育機關，其學額如在十名或十名以外者，則稱為學校。須到教育司署註冊。如不遵辦，一經查出，定必控告。並可罰款五百元。倘罰款後仍未遵例註冊者。則每天罰款貳拾伍元，並可隨時知會裁判司將學校停辦。

（二）凡能依規則呈求教育司註冊，批准後，當即發給下列憑證。

（三）如學校稟呈註冊，其理由不充足者，教育司定不允其所請，並即批覆該校校長，聲明不准之理由。如校長以批覆之理由不合，則可上訴於港督。倘能依例而辦。定邀批准。

（四）如上訴不得直，而仍繼續開學者。該校則稱為不合例學校。定必處罰。

（五）凡學校能遵規則辦理，則可稟求提學司免歸政府管轄，待提學司查明，無違港例，則可發給豁免管理憑照。但發憑證後，該校有違教育則例者。仍可隨時將憑照取消。

（六）管理規則

（甲）校內地方須潔淨。

（乙）規則要整齊。

（丙）凡註冊學校，不准用非教育部審定之書籍。

（丁）凡註冊學校，須備有註冊部及數部。

（戊）學校名譽及成績。尤關緊要。

（七）教育司對於漢文教員教授之程度，極為注意，深恐有不合格者，而妄行教授，於教育方面，大有影響，不得不略加試驗，藉知其程度。如由內地畢業得畢業證書，或師範執照者，亦須略加考試。因內地之程度不一，故須稍知其學問。倘能具有適當之漢文地理與算術等程度者，則可以通過矣。

到了 1933 年，修正了的《教育條例》，只改動了衛生設備以及嚴格審查教員兩點。因為，經過 1925 年至 1927 年這段驚天動地的歷史時期，對於教員的審查，自然要更加嚴格了。1933 年修正的幾點如下：

教育司為通告事：案照本年五月九日，督憲會同議政局，根據教育則例第二十六條第十二款，將管理學校規則第八，十八兩條修改。並增加廿三 A 一條，合行將上列三條，全文照錄於後，通告全港各學校，一體知照此告。計開：8：所有學校必須設有完善廁所。其設備以教育司認可為標準。18：未經教育司許可，不得在任何學校充當教員，女校如欲聘任男教員，須將理由詳細開列，呈候教育司核奪。23A。關於預防學校火險事宜，由消防局隨時派員到各學校查視，並將查得情形報告於教育司，聽候酌量辦理。各學校如遇消防人員到查，須予按納。一千九百三十三年六月二十日。

這些法例，除了將私塾和學校加以人工的區別外，對學校的衛生設備及防火設備，都加以規定，但是並不如今日的嚴格。對於教師的審查，從 1913 年的「略加考試」，到 1933 年更嚴格的審查，但是對於教育司的權力，並未賦予權力下令封校，對於課本，仍然是以教育部審定的課本及英國許可的課本。當時，香港還未有由自己編印的課本。

到了 1952 年，新中國成立後，教育條例才大力修改，並賦予教育司有封閉學校的權力。

關於處理香港歷史資料的態度問題

——感謝一讀者先生對拙文〈香港早期的教育面貌〉所提意見

十分感謝一位「一讀者」先生對拙文〈香港早期的教育面貌〉提出的寶貴意見。但事後細想：這只是處理歷史資料的態度問題而已。

歷史資料不少是得自傳聞，或由後人憶述，是以有真有假，或部分是真確，或部分應予存疑，在採用時，當擇取較可信的資料引用。關於皇仁書院和英華書院之間的關係，馬理遜學額問題等等，都是筆者引自《香港基督教會史》一書第155至156頁的，尤其是關於馬理遜學額中「誠屬憾事」的一句話，是原文的感嘆之句，為昭信實，特製版以證明。讀者也可以從文中，看到兩間書院的關係了。（參看書影A，見第36頁）

一讀者先生指出馬理遜學額於1934年由一信託組織支配，而這組織的主席必須是皇仁書院在任校長（按：該法例名為《馬理遜學額基金立案法團條例》，為法例第300章），這件歷史文件應說明《香港基督教會史》所說的誠屬遺憾的事是可信的，因為這學額原屬英華書院，卻真的「連同過校」了。而且，在教會的牧師威禮士多方考查之後，到1934年才再度把已「湮沒」了的學額重提出來。

《香港基督教會史》是一本可信賴的著作，因為編著者盡是當年香港資深的神職人士，屬於傾整個教會的力量去編寫的巨著，它的資料可信的程度較高，比之一讀者先生引用的資料較遷港時期——一八四一年，香港屬英，英華書院遂于一八四三年，由理雅各遷來香港。初在荷理活道與士丹頓，伊利近與鴨巴甸街之中間地點開設。當日生徒濟濟，而在社會卓舉有名者，如唐景星、何崐山、梁柱臣等。初時，尚未建立教會，信徒多在校中聚集崇拜，施水禮授聖餐，故有英華書院公會之稱（見薄扶林華人基督教墳場第一級西便，有英華書院公會教友之墓）。并在校內設印刷場，自製鋼撲活板，印刷聖經，今日尚存之明字聖經，即同治三、四、五、年（一八六五至一八六七年），英華書院所印訂者也（該校仍存有新舊約全卷。）及後香港政府決辦皇仁書院，委任理雅各充校長，頗致失此英華書院辦辦之人，遂爾停辦。（停辦原因無從考據，聞馬禮遜學額亦同時湮沒，是否連同遷校，抑另撥別用，不得而知，曾經咸禮士牧師多方考查，亦不得確據，培養宗教人才之基金如此消失，誠屬憾事）！校內印刷之鋼撲，則由循環日報承受（想近年已廢棄矣），聖經印刷之唯一機關亦一同關閉矣。

書影 A。這是《香港基督教會史》第 155-156 頁有關皇仁、英華及馬理遜學額的原文。

為可信。例如一讀者先生引用 Teresa Lawrence 的著作，說孫中山先生（1866-1925）就讀於中央官立學校（The Government Central School），而《香港基督教會史》第 241 頁，除了刊出《孫總理受水禮名冊》外，並且寫道：「甲申（1884）春，總理轉學於香港皇仁書院。」那時並非叫「中央官立學校」，可能英文名字已採用現時的名字了。（請參看書影 B，圖中孫日新即孫中山先生）

處理歷史資料委實不是一件容易的事，即如「中央官立學校」的英文名稱，也是很後期才被後人如此使用，香港早期的英文報紙只稱之為「中央書院」（Central School），並未加上一個「官立」（The Government）的字眼，這裏且引用《1896 年調查東華醫院委員會報告書》中所收錄的一張 1872 年 2 月 14 日的西報《中國郵報》剪報的原文，以證明當時西報只稱「中央書院」，並無「官立」的字眼。這段文字是敘述當年東華醫院開幕時巡行隊伍經過中央書院的情形，其第二段第 12 至 16 行的譯文是：「……巡遊行至公所，乃暫停一息，值理即於此處加入。當巡遊返程起行時，鳴炮三響，全體遂向**中央書院**進發，轉入歌賦街……」（請對照書影 C，又按，譯文根據該報告書中譯本）可見中央書院，並未稱作中央官立學校。

我們再看看《馬理遜學額基金立案法團條例》開頭的一段按語，該按語說：

> 1934 年三九號規定有能力保管及有權執行本港皇仁中學馬理遜學額基金受託人立案為法團條例，是年 11 月 9 日公佈施行，1950 年三七號條例修正在案。

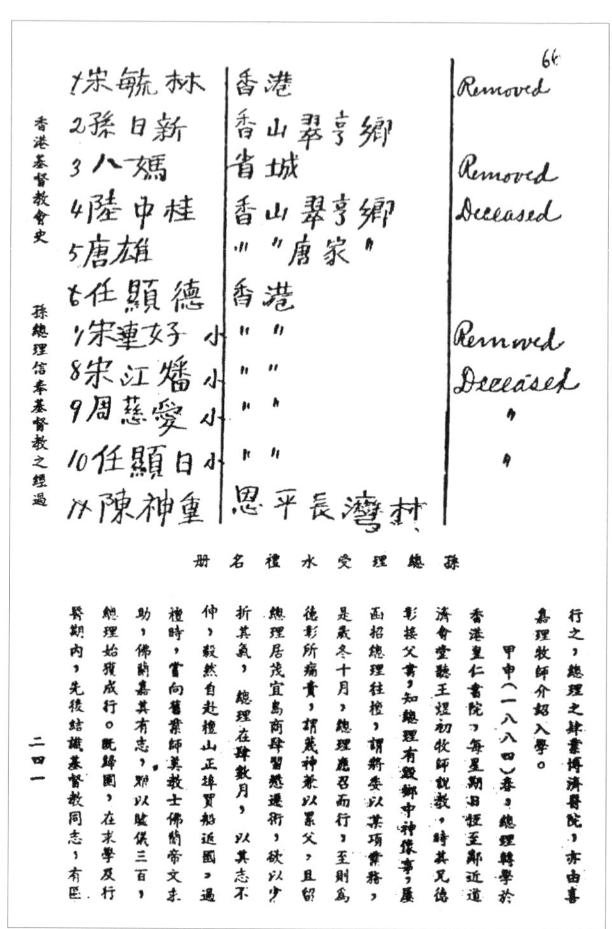

香港基督教會史　孫總理信奉基督教之經過

66

1宋毓林	香港	Removed
2孫日新	香山翠亨鄉	
3八嫣	省城	Removed
4陸中桂	香山翠亨鄉	Deceased
5唐雄	〃〃唐家〃	
6任顯德	香港	
7宋連好 小	〃〃	Removed
8宋江燔 小	〃〃	Deceased
9周慈愛 小	〃〃	〃
10任顯日 小	〃〃	〃
11陳神重	恩平長灣村	

孫總理受水禮名冊

行之，總理之肄業博濟醫院，亦由喜嘉理牧師介紹入學。

甲申（一八八四）春，總理轉學於香港皇仁書院，每星期日輒至鄰近道濟會堂聽王煜初牧師說教，時其兄德彰接父書，知總理有毀鄉中神像事，屢函招總理往檀，謂將委以某項業務，是歲冬十月，總理應召而行，至則爲德彰所痛責，謂蔑神兼以累父，且留總理居茂宜島商肆習懋遷術，欲以少折其氣，總理在肆數月，以其志不伸，毅然自赴檀山正埠買船返國，過檀時，嘗向舊業師美教士佛蘭帝文求助，佛蘭嘉其有志，願以貽供三百，總理始獲成行。既歸國，在求學及行醫期內，先後結識基督教同志，有區

二四一

書影 B。其中孫日新即為孫中山受洗時之名字。

案查1873年3月18日馬理遜教育會會議通過，復經同年4月24日會議覆實撥款三千元為捐贈中央學校馬理遜學額基金，但以由中央學校校長，當任於仁教堂牧師暨倫敦傳道會駐外高級傳道師提取為條件，如中央學校倍辦或因其他情形為事勢所需要時，此項基金應由上述三人處理之。

茲因該項基金在置業放款及各界加贈捐款之下，基金總額已超過五萬元，每年收益達二千元，而捐贈本港皇仁中學馬理遜學額計共有五名。

茲復因管理此項基金之受託人在法律上引起疑慮問題，用特將該項基金授予依法立案為有限責任法團，俾便管理之。

對於處理這份歷史資料的態度，個人認為，除了應注意「中央學校」這字眼之外，還得要留心「案查」這兩個字，這是1934年立例時的「案查」，距離1873年已60年了。同時文中說到當年的馬理遜教育會會議，將這學額基金，交由於仁教堂牧師、倫敦傳道會及中央學校校長三人處理，假如當年真箇是捐贈給中央學校的學額，相信《香港基督教會史》編著的諸公，不會絕不知情吧。

同時應注意文中第四段，這是說明受託人在法律上引起疑慮。然後授予依法立案俾便管理，是什麼事引起疑慮呢？也是應該予以思考的。

皇仁書院創辦於1862年3月10日，也許是事實，但它為什麼

(Enclosure in Governor Sir Richard Graves MacDonnell's despatch of 19th February, 1872).

Extract from the "China Mail" of the 14th February 1872.

THE FORMAL OPENING OF THE CHINESE HOSPITAL

Preliminary Ceremony.

This interesting ceremony took place with great pomp to-day. It consisted of a ceremonial sacrifice being offered to the God of Shan Nung, one of the three mythical Emperors who are said to have attained the great age of ten thousand years. He is recognised as the discoverer of medicines, but he was not the favourite god with the medical fraternity. This deity was selected on this occasion owing to some objection having been offered by a minority of the Committee to have any gods on the premises at all.

At an early hour, the Committee, some seventy or eighty in number, assembled at the Kung Sho (Public Meeting Hall) adjoining the Hollywood Road Joss-house, all dressed in the mandarin costume, some even with peacock's feather attached to their buttons. A little before 8 o'clock, a procession, accompanied by a band of Chinese music and a staff of paraphernalia bearers, such as is usual on these occasions of festivities, and headed by a pair of large lanterns bearing an inscription—"The formal opening of the Tung Wa Hospital"—paraded the streets of the Chinese section of the Town and stopped in front of the Kung Sho where it was joined by the Committee. The return trip of the procession started at the booming of three guns, and the whole body proceeded towards the Central Schools and turned into Gough Street; passing by the premises of Messrs. GIBB, LIVINGSTON &

書影 C 為 1872 年 2 月 14 日西報《中國郵報》記載東華醫院開幕時，遊行隊伍經「中央學校」時之情形。文中第二段第 16 行頭兩字即中央學校，未見加上「官立」字樣。中央學校當時中譯為中央書院。

三易其名，而其最初名為中央書院，其後又有人稱為中央官立學校，顯然是需要研究的了。

《香港基督教會史》説當年英華書院的校長，被港府委派辦理皇仁書院，即第一任的中央書院的校長，便是當年的英華書院的校長。一讀者先生提供的意見很寶貴，因他指出中央學校的第一任校長，正是英華書院校長理雅各先生（James Legge, 1815-1897）。

其次是處理這些歷史資料時，個人的態度頗為審慎，對於若干官樣文章，應有所存疑，否則便成了人云亦云。例如根據上引的馬理遜學額條例中的一段文字，個人並不以為，馬理遜學額於1873年即屬於皇仁書院（中央學校）的，因為當時英華書院是倫敦傳教會的，它既是學校，也是教會。文中指出由倫敦傳教會和於仁教堂牧師共同處理這份學額基金，而當時的中央書院校長，也正是英華書院的校長，僅此一端，就應謹慎處理。

又文中有「如中央學校停辦」之句，亦應對這被稱為「香港早在1862年便有一如現在的官立學校那種學校存在」的概念有所存疑。因為，在1873年時，怎會假定唯一一所純官立的學校會停辦呢？這是不可思議的事吧？

最後，筆者衷心地感謝一讀者先生對拙文提供的意見，其中誤植及錯誤的地方，已予改正。並且希望廣大讀者多多賜教！

附錄：對〈香港早期的教育面貌〉一文的意見

編輯先生：

貴刊一向以報道詳實著稱，但貴刊於第七十期〈香港早期的教育面貌〉一文中，有部分內容的真實性值得懷疑。本人現願提供有關資料，並列舉文中有疑點之處，以供參考。

（一）文中報道說：「從 1843 年到 1886 年，政府對於這些學校，並沒有提供多大的資助⋯⋯到了 1889 年，英華書院的故址才改建為皇仁書院。」

據本人考查，皇仁母校創立於 1862 年 3 月 10 日，（即前清穆宗同治元年，現在皇仁書院每年都舉行儀式來紀念這一天）前身校名為中央官立學校（Government Central School），位於中環鴨巴甸街與荷李活道之間，首任校長為史超域博士（Mr. late Dr. Frederick Stewart, M. A.）。第一年，有十五名學生報名入讀，當時已有英文科之設立。在 1889 年，學校遷往離舊址不遠的新校舍（亦位於鴨巴甸街），同年易名為維多利亞書院（Victoria College），後因當時在砵甸乍街旁亦有一間名叫維多利亞的學校（私立的），所以在 1894 年由《香港政府憲報》（*H. K. Government Gazette*）正式改名為皇仁書院。這些資料，在皇仁書院校史中有明確記載。此外，在年前舉行的「香港教育展覽」中，亦有報道過全港第一間官立學校為創於 1862 年之中央官立學校，即現在之皇仁書院。

至於有關中央官立學校的資料，除皇仁書院所存的之外，在普通歷史教科書中，亦有提及。例如在 Teresa Lawrence 所著的 *Notes on the History of East Asia* 一書中，在記載國父孫中山先生的生平時，就曾說他在港時，入讀中央官立學校，並明確指定此即現時之皇仁書院。（原文是“……at the government Central School, now Queen’ s College”）當時約於 1884 年左右。此外，由 Gwenneth Stokes 及 John Stokes 所著之 *Junior Histories for Hong Kong* 中，亦有同樣記載，並且連孫先生的入學編號為 2746 也弄得很清楚，當時的校長為 Dr. G. H. Bateson Wright（即胡禮，1853-1935）（註：現在皇仁書院將學生分為八個學社，其中一個便是以 Wright 命名的）。如照貴刊文中推論，孫先生當時豈非是就讀於教會辦的英華書院？但照本人翻查所有歷史書籍，均絕無此說。又假定貴刊報道屬實，難道中央官立學校是虛構出來的嗎？

中央官立學校會否是英華書院的別名呢？不可能。第一，前者是於 1862 年創校，而後者則於 1843 年已遷來香港。第二，前者於創校時已屬官立，而後者則是由教會創辦。

由此可見，貴刊於本人所引的一段中，雖僅寥寥數句，但已有三個錯處：

1. 皇仁書院前身為中央官立學校，而並非由英華書院於 1889 年改組而成。
2. 香港於 1862 年已有以華人學生為主的官立學校。因英華書院是教會辦的，所以如照貴刊文中推論，香港豈非於 1889 年才有官立學校？
3. 中央官立學校於 1889 年只是遷移校舍，至於「皇仁書院」這名稱，至 1894 年才有，所以在 1889 年，根本未有「皇仁書院」這名稱，又何來「改建為皇仁書院」呢？

（二）貴刊文中亦有報道謂：「聞馬禮遜學額亦同時湮沒，是否連同過校，抑另撥別用，不得而知……誠屬憾事！」

馬禮遜學額（Morrison Scholarship）是於 1873 年由馬禮遜教育組織（The Morrison Education Society）集資 3000 港元而成，並設置於中央官立學校，即現時之皇仁書院。後來經多方撥款支持，當這基金增加至 5 萬港元時，遂於 1934 年由香港政府法案第 39 號（Hong Kong Government Ordinance No.39 of 1934）決定將這馬禮遜學額由一信託組織支配，而這組織的主席必須是皇仁書院在任校長，而以 "the senior resident Missionary of the London Missionary Society" 為秘書，以 "the Minister of the Union Church" 為司庫。由 1873 年直至現在，每年皆有大批皇仁書院優異生獲得此獎學金。上述資料均獲公認，並印明於馬禮遜學額獎狀背面。筆者卻說這學額已湮沒，真是「誠屬憾事」了！由此亦可推想筆者搜集資料時間非常不足。

本信的目的並非抨擊筆者，只是希望向貴刊提供些關於香港早期教育的一些資料，並希望編輯先生能將責刊文中有疑點之處力加澄清，以向讀者交代。

祝

撰安

一讀者上

1978 年 8 月 1 日

香港和內地的邊界交通史

邊界面貌大變化

最近（按：1970 年代）中國政府將深圳升格為省轄市，把深圳發展成為便於香港商人投資的工業區和旅行觀光的遊覽區。關於前者，現已有港商在深圳設廠，並作投入生產；後者亦常有很多旅行團，自香港進入深圳旅行觀光。據筆者所知，已投入生產的工廠，有製衣廠、手袋廠、科學養雞場等。至於旅行團，則有以吃狗肉為主的「吃狗團」和以吃荔枝為主的「啖荔團」等。

深圳是接近香港的邊區市鎮，自深圳升格為市之後，根據「深圳發展藍圖」，深圳市的範圍擴大至所有接近香港邊界地區，沙頭角、梅沙、葵涌、西涌、南頭、蛇口、赤灣，甚至遠離邊界的龍崗、松崗，都屬深圳市所管轄。這樣發展下去，將來兩地之間的邊界交通，必然十分繁忙。兩地邊界的來往，將進入一個新紀元。為迎接這些快將實現的理想，在這個時候，談談兩地邊界的交通史，當有助於將來到這些地區去旅行和投資的人士，了解過去的一切。

當初邊界的劃分

在未談兩地邊界交通的過去歷史之前，應先談談香港和中國內地的邊界劃分的歷史。香港和中國內地的邊界是由誰來劃分的呢？它是由以灣仔駱克道命名的駱克（J. H. Stewart Lockhart, 1858-1937）和中國劃界委員王存善（1849-1916）所劃定的。大家都知道，香港的新界根據 1898 年 6 月 9 日（即清光緒二十四年四月二十一日）中英所簽訂的《展拓香港界址專條》而租借給英國。根據這專條，港英當局要在 1898 年 7 月 1 日接收這一大片土地，但是在接收時遭遇鄉人的反對，最著名的反抗行動位置是在錦田的吉慶圍。清政府需要派員到來「曉諭」鄉民，同時因為《專條》對邊界並未有明確的指定，因此由兩廣總督陶模（1835-1902）派王存善到來辦理一切。香港方面亦派駱克和他商定一切事宜。駱克是當時香港輔政司，他本來剛在英國度假，為了劃界的事，匆匆趕回香港，劃界的工作直到 1899 年才完成，雙方在香港簽署了《香港英新租界合同》，由於很少人引用這合同，該文的主要目標在「界」一字上，現在特別把全文引錄於後：

香港英新租界合同

北界始於大鵬灣英國東經線一百一十四度三十分潮漲能到處，由陸地沿岸直至所立木樁，接近沙頭角即土名桐蕪墟之西，再入內地不遠，至一窄道。左界潮水平線，右界田地，東立一木樁。此道全歸英界，任兩國人民往來。由此道至桐蕉墟斜角處，又立一木樁，直至目下涸乾之寬河，以河底之中線為界線。河左岸上地方歸中國界，河右岸上地方歸英界。沿河底之線直至逕口村大道，又立一木樁於該河與大道接壤處。此道全歸英界。任兩國人民往來。此道上至一崎嶇山徑橫跨該河，復重跨該河折返，該河水面不拘歸英歸華，兩國人民均可享用。此道經過山峽約較海平線高五百英尺，為沙頭角深圳村分界之線，此處復立一木樁，此道由山峽起，即為英界之界線，歸英國管轄。仍准兩國人民往來。此道下至山峽右邊，道左有一水路達至逕肚村，在山峽之麓，此道跨一水線較前略大水，由梧桐山流出，約距百碼復跨該水路右，經逕肚村抵深圳河，約距逕肚村一英里之四分一。及至此處，此道歸入英界，仍准兩國人民往來。由梧桐山流出水路之水，兩國農人均可享用，復立木樁，於此道盡處作為界線。沿深圳河北岸下至深圳灣界線之南河地，均歸英界，其東西南三面界線，均如專約所載。大嶼山島全歸界內。大鵬深圳兩灣之水，亦歸租界之內。

光緒二十五年二月初八日　王委員存善
一千八百九十九年三月十九號　駱輔政司

與此同時，香港方面亦宣佈香港的疆界範圍是根據駱克和王存善所劃定的疆界。為使大家明瞭香港方面也尊重這條邊界，也有必要引錄出來供大家參考：

本港疆界的範圍

南 —— 北緯線 22 度 9 分之平行線，位於東經線子午圈 113 度 52 分與格林威治以東東經線 114 度 30 分之間之兩相交點。

北 —— 自格林威治以東東經線子午圈 113 度 52 分之點起，劃一直線交接北緯平行線，經深水灣西南岸之極端至該灣西南角，沿岸至深圳河口，復遵照 1899 年 3 月 19 日由 J. H. S. 駱克與王存善在港簽訂之中英劃界協定劃定之新界邊境，沿此北便邊界至馬士灣，至格林威治以東東經線子午圈 114 度 30 分與大陸之交叉點止。

東 —— 格林威治以東東經線子午圈 114 度 30 分即至大陸交叉點與北緯平行線 22 度 9 分之處止。

西 —— 格林威治以東東經線子午圈 113 度 52 分即至北緯平行線經深水灣西南岸極端之交叉點與北緯平行線 22 度 9 分之間之處。但在大嶼山南北岸於格林威治以東東經線子午圈 113 度 52 分與該島交叉點之間，應以該島西岸沿線為界。並包括所屬領海在內。

上引的〈本港疆界〉是登載於《香港法律彙編》中《法律註釋條例》內，是該條例的附表第二號，表示經過立法程序尊重這條邊界。文中如「北」界，有「復遵照 1899 年 3 月 19 日由 J. H. S. 駱克與王存善在港簽訂之中英劃界協定劃定之新界邊境」之句，表明這中英劃界協定，就是上述的《香港英新租界合同》。

根據這份邊界協定，因文中有「任兩國人民往來」及「仍准兩國人民往來」等句，是以兩地邊界的交通往來，從當時起一向通行無阻。

自廣九鐵路通車之後，兩地邊界人民往來更加頻密，雙方邊界上的鄉村村民，互相往來耕作，互相把農作物及工藝日用品送到兩地的墟市去貿易，是當時最正常的行為。由於邊界的劃定，是人為的劃分，實際上邊界地區自古以來無分彼此，被劃在英界內的鄉村的農田，有很多在華界，鄉民仍照常到華界去耕種，在華界內的鄉村的農田，亦有不少劃在英界之內，因此華界的鄉民也要到英界內的農田耕種，彼此相安了好幾十年。

雲片糕、龍崗雞、蠔豉

至於居住在香港市區的市民，亦常到華界去旅行。新界築成公路之後，交通更方便，到深圳墟去旅行的人更多，深圳的特產「雲片糕」，附近的龍崗雞、沙井的蠔油和蠔豉，都是旅行人士歸程時常買的東西。由於許多市民到深圳旅行，上述這幾種食品都頗受港人歡迎，於是又有人到深圳墟去買雲片糕、龍崗雞、沙井蠔油、蠔豉等運到香港市區出售。當時港島的干諾道中、九龍的上海街，都有商店代售上述這幾種邊界上的土產。

邊界附近華界內的鄉村村民，亦有不少到港九來謀生。他們在假期內也常常返華界家鄉去度假，因此當時港島干諾道中的海旁，每日都有渡船赴邊境的華界地區，在水域上開闢了長期性的交通網。

自港島到邊界的交通，以南頭鄉渡為主。該鄉渡泊在港島干諾道中的三角碼頭上，每日晨早開出，下午則從南頭回港，船費是頭等四毫、二等二毫，每日一班，如非遇有懸掛暴風訊號，風雨不改。

赤灣天后古廟

陸港邊界地區除深圳可供遊覽之外，南頭也有可遊之處，南頭附近的蛇口區，有一處地方名赤灣，這是最吸引港人去遊覽的地方。因為赤灣上有天后古廟，巍峨宏偉，氣派萬千。這地方自古就被選為「新安八景」第一景，稱為「赤灣勝概」。自古以來上自士大夫、下至販夫走卒，都歡喜一遊赤灣天后古廟，該處風景幽美，筆者亦自愧難於描述，還是引《新安縣志》所載幾位宋、元、明時的名詩人詠該處勝境的詩句，讓讀者知道其風景之一斑：

赤灣　　　　**王士龍**

海上群山控海門，古祠鐘鼓自晨昏。
諸彝貢篚南溟闊，萬國輿圖北極尊。
日照瓊珠明島外，風生麟角起雲根。
勝遊此地心逾壯，試看青萍醉一樽。

禱天妃廟喜諸生會集　　　劉穩

祈靈遙謁海神祠，冉冉春光欲暮時。
最喜山川堪入眺，何期童冠更相隨。
使星虛脫乘槎遠，勝日還於鼓瑟宜。
作吏風塵休暇少，詠歌莫惜獨歸遲。

赤灣晚眺　　　黃成元邑人知縣

偶來閒步夕陽斜，拂袂新涼興自奢。
宿樹烏窺潭底影，騎牛人隔隴頭霞。
雲歸煙管遮山色，風擁湖橋走浪花。
靜聽扣舷漁歌唱，滿灘明月曬銀沙。

赤灣謁天后廟　　　袁嘉言

廟貌光同日月昭，伶仃橫鎖海門潮。
雲隨仙佩歸金闕，霧捲靈旗下碧霄。
島外鯨鯢沉濁浪，空中鸞鶴舞回飆。
即今萬國柔懷日，重譯都來奠酒椒。

由於赤灣天后古廟宏偉，每年農曆三月二十三日天后誕，港九水陸居民都往赤灣天后廟去賀誕，因此九龍油麻地、港島干諾道中的海旁上都有數以萬計、掛滿彩旗的船隻到赤灣去。同時，上述兩處亦有很多臨時營業的渡船，載客到赤灣天后廟去參神。當時人們稱赤灣天后廟為大廟，熱鬧的情形一直維持到廣州解放前夕。到了 1950 年，人們因不能到赤灣去拜天后，才改向佛堂門

位於流浮山對面的赤灣天后古廟，《新安縣志》列為新安八景之首，稱「赤灣勝概」。圖為載於《新安縣志》中的木刻風景畫。

的天后廟去。

在三十年代初期，有一位賭商傅某，看到兩地邊界交通如此方便，特在深圳蓋搭了幾座巨型的棚廠，在那裏開賭，主要的賭博是番攤與骰寶。傅某並在深圳開了幾間酒家，還建成戲台，請粵劇名班到深圳演戲，用以吸引港九居民前來賭錢，這是邊界交通最熱鬧的時代。由於交通方便，很多人都不去澳門，而去深圳。

粵劇名伶新馬師曾（1916-1997）在他的回憶錄中，曾記載當時深圳開賭和聘請粵劇名伶演戲的情形。下文是他在《我的回憶》一書中的一段話：

> 我的元配妻室梁添添，逝去已二十五年，我一生中，她給我的影響極大。她識我於未遇之時，那時我甫

離師門，初出茅廬，她是中華舞廳一位舞娘，竟然委身下嫁，從此洗盡鉛華，作良家婦。那時我尚未成名，她為我經理諸事，艱苦備嘗，等我漸有成就，她卻棄我而去，當時患難相共，現在不能和她一同過著較安樂的日子，使我耿耿於心，終身難忘！

我初搭班時期，曾有小武桂名揚，在深圳又生公司組班，班名「冠南華」，這家又生公司，實在是一家賭館，館方授權桂名揚，盡量羅致名角，務求陣容堂皇，使省港觀眾都認為此班有一看的價值，起招徠顧客作用。桂名揚也知道又生公司資金雄厚，每請一個角色，都自動加薪，特別出重金聘請我，每日薪金一百元，這數目相當高昂，非普通任何戲班所能負擔；雖然我在童伶時期也賺過一百元的日薪，但那時我的包銀是歸師父收的，且是神童班，主角非我不可，現在情形不同，桂名揚請我也出日薪一百元，就算特別高價。恰巧其時薛覺先先生的「覺先聲」也來定我，由添添接洽，每天日薪六十元，我面臨兩處相邀，大費躊躇，添添一言決定，一百不要要六十，接「覺先聲」，同行中認為咄咄怪事，她卻為的是在「覺先聲」我可向前輩薛覺先偷師請益，同時，深圳既是賭場附設戲院，我少年時好賭，難保不玩幾手，唯恐得不償失，所以添添作此明智決定。

日軍佔領廣州、邊界交通中斷

兩地邊界交通直到 1938 年廣州被日軍攻陷，日軍佔領了深圳、南頭一帶之後，才告中斷。

香港政府從這時開始，才在邊界地方架設鐵絲網和工事，並且宣佈邊境為禁區，住在禁區的居民，必須領取邊境通行證才能進出，而且還在邊境宣佈宵禁時間，即晚上 10 時之後，至天明 3 時之前，禁止村民來往，這是為了提防日軍的入侵，以及讓難民逃入香港。日軍在淪陷區的恐怖和飢餓統治，製造大量的難民，他們逃來香港已造成香港人滿之患，故此不能不用這種方法應付。這是兩地邊界地區列為禁區的開始。

中英街的特色

沙頭角墟是一處非常特別的地方，因為這個墟市位於兩地邊界交界的地方。該處本來是一條小村莊，由於劃界的時候，在該村中央的地方立木樁為界，因此便將該村一分為二。村左為英界，村右名華界，因此該村便發展起來，成為一個兩邊邊境村莊交換物資的地區，久而久之便形成一個墟市，英界這邊建了很多舖戶，華界一邊也建了很多舖戶，中間的地方就是邊界的界線，因此這兩邊舖戶所形成的街道，便叫中英街。

日軍雖然佔領了邊境華界的一大片土地，但當時沙頭角兩邊的居民，仍然自由來往。日軍派出哨兵在中英街上站崗，那時

沙頭角的中英街的街景。中英街是陸港在沙頭角的分界線，但該地居民來往於兩邊邊界都很自由，只是不能越出石涌山坳的哨崗禁區界線。

仍未干涉兩邊人民的交通。到了墟日，附近各鄉村的鄉民都來趁墟，雙方在墟內自由活動。

《香港英新租界合同》上對沙頭角的描寫，有如下的幾句：「此道經過山峽約較海平線高五百英尺，為沙頭角深圳村分界之線，此處復立一木樁。」這表示沙頭角要從山峽才能到達。當時沙頭角的防務已由英軍接管，英軍就在山峽的通道之前設立哨崗，列為禁區口。

這山峽的通道就是沙頭角道，旅行人士從聯和墟到鹿頸，必在這條街旁邊經過。現在該處仍設有路障，列為禁區，要有邊境通行證方能進入通道，這制度在 1939 年已有。

1941 年 12 月 8 日，日軍進攻香港，負責進攻香港的日軍，由總司令酒井隆（1887-1946）指揮，分別由深圳、沙頭角和文錦渡三處邊境地方進攻香港。當香港淪陷之後，日軍認為沒有邊界可言，便把邊界所有的木樁拔去。

淪陷時期的邊界交通

淪陷時期的邊境交通，是出人意外地熱鬧。因為日軍需要疏散人口，香港居民都知道香港快要變成死市，所以亦紛紛離境。當時離開香港只有三條路線可走。第一是乘船赴澳門，第二是乘船返廣州，第三就是步行到邊境，由深圳、南頭等地進入內地，所以邊境交通最為熱鬧。每日都有成千上百的人，通過邊境進入內地。深圳是日軍指定回鄉的通路，其餘的邊界地區，就成為愛國同胞的秘密通道。當年在香港的茅盾夫婦（茅盾，1896-1981；孔德沚，1897-1970）和鄒韜奮先生（1895-1944）等人，便是從這些秘密通道經過邊境逃亡入內地的。穆欣編著的《鄒韜奮》一書第 300 至 301 頁有從元朗通過邊境的敘述：

> 借著兩盞馬燈的光，茅盾夫婦忙把行李打開，從裏面找出一盒萬金油，給韜奮醫治他那扭了筋的腳。他這腳已經發腫，在踝部，而且發燙。雖不知道萬金油有無效驗，當時再沒有別的藥，只好這樣搽上試試看。大家都替韜奮發愁明天的路程，但他一面搽著萬金油，一面滿有信心地說：「過一夜大概會好些。」
>
> 這一天走了七十里路，又翻過了兩座小山，走得大家累而且餓。一到這裏，領路人便去找此地的「主人」解決吃飯問題。這地方的「主人」姓王，是元朗一帶實力最強的「地頭蛇」，元朗的偽組織也很怕他，和他相約互不侵犯，每天還要供應他一些白米豬肉。誰要經過「王大哥」的「防區」，例須繳納保護費數元至數十元不等。但是因為他們這一大群是東江游擊隊曾司令招呼過的，「王大哥」只得另眼相待，特地留在他的「大本營」過夜，既不收「保護費」，還貼了伙食「招待」。
>
> 第二天起來後，都立刻把行李打好，隨便用濕毛巾擦一把臉就等候動身。大約半小時便到元朗鎮，在一個廣場上停下來，曾有偽組織的人來檢查人數。以後由「王大哥」的「參謀長」和元朗的偽組織辦交涉，代他們取

得通行證。這是因為，敵人指定的疏散路線須沿鐵路往深圳，他們卻要先到寶安，再往內地，而寶安這時是在敵人手裏的。

在這裏差不多等候了三小時，又沿著一條柏油路向前走。這是元朗通深圳的公路，相當整齊寬闊。他們緊張地走了一陣，又走上了一條小路，來到一條小河邊。他們登上三只平底大木船，半個鐘頭就到對岸。這已經是寶安縣所管轄的地方。

岸上有三個日本兵，他們帶著很不耐煩的神氣，檢查了元朗偽組織所發的護照，點查人數。人們一過這道「鬼門關」，怕日本鬼子再找麻煩，就都加快速度往前面趕。韜奮是最後登岸的。因為他扭了筋的腳還沒有完全好，雖有別人代他背了包袱，他又弄了一截毛竹作拐杖使，還是跟不上大隊。

從上面這段引文，也可以看到淪陷時期活躍在邊境地區的，除了有偽組織的人，還有東江游擊隊。護送鄒韜奮等人過境的，正是東江游擊隊的人員。

1945 年 8 月香港重光之後，夏慤（Cecil Halliday Jepson Harcourt, 1892-1959）的軍政府對邊界亦極重視，英軍仍守著以往的邊界。但因為邊界的木樁被日軍破壞，需要重修，但香港方面又不願單方面重立那些界石，直到 1947 年，才乘當時廣東省民政廳長到港訪問，邀請他同往邊界，才將已毀的界石重建。

香港重光至廣州解放前夕，兩地邊界上的交通已恢復戰前的狀態。當時邊境並未列為禁區，無需通行證也可以自由來往。

1950 年邊界劃為禁區

廣州解放後，香港立即宣佈邊境地區為禁區，又恢復淪陷前應付日軍的制度，並宣佈宵禁。1950 年邊境禁區及夜禁區範圍很大，除接近邊境的一大片土地列入禁區之外，還於晚上在這些禁區外擴大夜禁區，晚上不許鄉人出外。夜禁區包括粉嶺與大埔的公路交叉點，元朗與沙田公路的交叉點。當時元朗也在夜禁區之列，晚上 10 時後普通市民不能進入元朗。到 1953 年，才將夜禁區收窄。這裏有一張〈1953 年新界夜禁區縮窄範圍圖〉，是載於 1953 年出版的《新界概鑑》一書中，該書並有〈新界夜禁區域〉一章，可供讀者參考。節錄原文如下：

> 由 1950 年起，因環境需要，英方在邊境特劃出一大幅戒嚴區域，頒施夜禁條例，藉以減少中英邊境居民接觸的機會，也即減少誤會之來源，這項措施，對於治安方面，實有莫大貢獻。
>
> 當夜禁令初頒時，當時夜後施行戒嚴範圍頗大，其包括地方，由深圳河口西岸之點起，向東推進，沿中英邊界以至該邊界東端沙頭角，再折向西南，沿沙頭角粉嶺公路之南邊，以至該公路南小徑之叉點（在淡竹坑村西面小徑），脫離公路，南趨鬼嶺頭，鶴藪之起點，再折

回南，沿娓沙羅洞，至吐魯港北岸之小徑南邊，再折向西，沿吐魯港北岸，以至大埔粉嶺交界處（大埔墟公路北端），以至與新林村公路之叉點，再折向四沿公路南邊經南村及八鄉，以至該公路與元朗、沙田公路交界點（凹頭）再折向西，沿公路西邊，以至跨越該河之橋（紅毛橋），再沿該河東北岸，推進至該河與深灣交界處，以至深圳河口之交界處地點。

其後，因局勢安定，警政昌明，治安日固，當局為便利鄉民來往及農耕工作，故對夜禁範圍數加修改縮窄，1953 年夏，並再頒令縮小夜禁區，由新界理民府製具明細地圖，曉諭鄉民知悉遵守（最新新界夜禁區域縮窄明細地圖參見本頁），故現目施行之夜禁區，其範圍係西由深圳河口起，沿中英邊界，由西而東，至沙頭角中英邊界之最東邊，沿沙頭角。粉嶺十字馬路之南，轉入西南方，至粉嶺十字路，再由此沿馬路之北邊轉向西，直至米埔為止。

上述之夜禁區域，其實施戒嚴時間係每日由晚間 10 時至翌晨 6 時止，此辦法行之已久，秩序井然，惟對於當地居民在夜間出入，實感不便，設遇有要事時，亦無法通行。新界鄉議局為此，曾迭向新界警務當局條陳意見，請將宵禁辦法放寬，當局亦認為事切實際，允予改善。經慎重考慮後，為便利一般居住戒嚴區域內之正當鄉民，在宵禁時間遇有要事通行起見，經由 1953 年 4 月起發出一種「特別通行證」給予轄屬戒嚴區之各鄉村代表。惟發證時，須由當局調查該代表身份履歷操行等，認為殷實，始予給領，每代表限領一張，該證有效期暫定為六個月，證上列有號數，並填明持證人姓名、住址、身份職業等，指定在宵禁期間使用，憑證通行，惟仍須攜帶其居民身份證，以備軍警人員檢查時，提出檢驗。該證除持有人通用外，至於鄉民，若有要事，必須通行宵禁戒嚴區者，可向所屬之村代表領取該證備用，但必須取得原持證人村代表及村長繕寫之證件，以便查驗，務使周密使用，以防流弊。

在宵禁時間內，來往人等不但都要持特別通行證，即在白日間警方也常常要檢查居民身份證，才許通過，外籍人士更不許無故出人，乘火車到羅湖的，到了上水，就要檢查大陸的入境證。一般旅客的汽車，來到了上水稍過，就要停車，如果去沙頭角的車，更不能過石涌坳關閘。

這一段時期，兩地邊境的交通，就只有羅湖與深圳之間保持聯繫，其餘文錦渡這一段通路，就只有貨物的運輸往來，一般小市民難得到邊界去一次。因為進出都受到很多麻煩的盤問，而且要領邊境通行證亦不容易。這個時期很長，是邊境交通陷於停滯的時期。

不過，邊境一些位於英界之內的稻田，每天仍有華界鄉人進入耕作，這一大片稻田，位於勒馬洲附近。鄉人耕作後回到華界鄉村去，但不能越出稻田以外的地方，這情形一直維持到現在。至於從前在英界內鄉村的

村民進入華界稻田耕種，則因為中共進行土地改革後，
已經沒有人到華界稻田去耕種了。

後來，港督柏立基（Sir Robert "Robin" Brown Black, 1906-1999）首先和中國政府打交道，第一件要做的事是把深圳的東江水引進香港來。自然，新界夜禁區已經撤銷了，這時期兩地邊境的交通漸漸開始熱鬧起來。

自此，再也沒有人用舊有觀念處理香港事務了。繼荃灣發展成衛星城市後，繼而有葵涌、沙田、屯門等衛星城市的發展。衛星城市向兩地邊境伸展，是一個自然趨勢，因此兩地邊境的交通亦自然向前發展。深圳被劃為廣東省省轄市，正是配合香港方面的發展而設計的。我們看見深圳市發展的藍圖，便知道不會在太久的將來，可以自由地到深圳旅行，遊覽天后古廟所屬的赤灣遊覽區，遊覽其他一切名勝，就像戰前那樣，可以暢所欲遊了。

文錦渡是陸港另一處交通孔道，該處是中國副食品運入本港的一條主要通道。圖為一群豬隻由有關人員趕著從華界經過文錦渡橋的情形。

香港和內地邊界兩次勘界史話

近來香港人重視新界租約於 1997 年期滿的問題，坊間出版了不少有關中英雙方對新界租借地的歷史文件小冊子，以滿足研究者作為參考資料，可惜這些出版物都沒有搜集有關香港和內地邊界勘界的史料。勘界是對租界尊重的一種行為。這條邊界是否獲得尊重，可反證雙方對租約的態度。因此對於歷史上中英雙方在新界邊界上勘界的史料，不能忽視。

中英官員　共同勘界

歷史上有過兩次由內地官員，會同香港官員共同在邊境一帶勘界：第一次勘界是在 1898 年簽訂《展拓香港界址專條》後翌年舉行，即在 1899 年（光緒二十五年）；而第二次勘界則是在抗戰勝利之後的 1948 年舉行，這兩次勘界都有歷史背景和意義。

《展拓香港界址專條》，是作為將九龍界限街以北至深圳河為界。包括各海島在內，以 99 年為期租借給英國的條約。該條約於 1898 年 6 月 9 日（光緒二十四年四月二十一日）在北京簽訂。很多人誤會了，以為簽約之期是 6 月 9 日，那末到 1997 年 6 月 8 日便期滿。其實並非如此，因為《專條》內有這樣的一段條文：

> 此約應於畫押後自中國五月十三日即西曆七月初一號開辦施行。其批准文據應在英京城速國行互換，為此

兩國大臣將此專條畫押蓋印，以昭信守。

根據這段條文，租借日期為 1898 年 7 月 1 日，故到 1997 年 6 月 30 日才期滿。並非由訂約之日起計。文中「七月初一號」，在「一」之前加一「初」字，這是清代與外國訂約時的習慣，表示是七月初的第一日。

當時滿清政府已有大使派駐倫敦。這條約於 1898 年 8 月 8 日（光緒二十四年六月二十一日）在倫敦換文。國際條約於換文後才正式生效。但香港並不是在 1898 年 8 月 8 日接收新界，而是在 1899 年 4 月 16 日才正式接收新界。

對於此類強迫滿清政府簽訂的不平等條約，中國史家常因受愛國主義思想的激動，多未細考歷史事實。筆者從前亦犯過此種錯誤，欠缺詳細考證歷史事實，把很多重要的事實忽略，總以強凌弱的觀點來看問題，於是把很多重要的步驟，描寫成欺凌我國的行為。作為忠於史實的歷史學者，應該比帝國主義的歷史學者更為冷靜，才能了解各種問題，即如當年租借新界時，英國並未急於接收新界。這是很多史學家所未了解的。

當年英國既強迫清政府租借了新界，又不需急於派軍隊開進新界去，這塊土地既然到了手，便需要有秩序地把這塊土地接收過來，因此先行和中國劃清楚地界，然後才肯接收。

劃定租借地邊界，需要一位能和中國官員交談，又懂中國文字的官員才能勝任愉快。這位官員又需要有相當高的官職，否則與中國官員的地位不相稱。當時英國屬意於當任輔政司駱克（J. H. Stewart Lockhart, 1858-1937）。

駱克與王存善的談判

駱克本來已在 1898 年 3 月 19 日返英度假，《展拓香港界址專條》於 6 月 9 日在北京簽訂時，他尚在倫敦。倫敦方面將《專條》的條文及條約中所黏附的地圖給他帶回香港，叫他於 8 月 8 日在條約換文時返港並宣佈在香港已擁有新的租借地。其後他在 8 月 2 日返港，除了在 8 月 8 日條約於倫敦正式換文時，正式宣佈條約內容外，並知會廣州英領事，約定勘界日期，和獲知廣東方面派的人來香港，共同勘界。

但是滿清政府辦事的效率很差，怎會立即派員來港勘定租界呢？駱克得不到消息，只好又返英度假。於是他返英乘度假之便，向理藩院（後稱殖民地部）反映勘界之事，必須通過外交途徑，向北京皇帝施下壓力，廣東才會盡快派員勘界。結果，等到農曆新年過後，當時兩廣總督譚鍾麟（1822-1905）才答應派補用道王存善來港勘界。

這次勘界於 1899 年 3 月 18 日舉行，王存善帶同隨員及工作人員，從廣州乘船來香港，然後會同駱克及港方的工作人員，一同乘小汽船向大鵬灣駛去，駱克將《專條》上黏附的地圖向王存善解釋，依照《專條》的地圖，租界以大鵬灣和深圳灣劃一界線，作為北界，至於東界，應在東經線 114°.30 之處為止，因此，東平洲在 114°.30 界內，應屬租界之內。

當時小輪在沙頭角登岸，邊界即從沙頭角開始勘劃。沙頭角墟，從前叫相蕪墟，有一條小河，流經墟中而出沙頭角海。就以這條小河的河口為岸上的分界開始點。勘界的時候，雙方非常認真，但雙方的觀點不同。

英國方面，並不是本著多得一寸土地即多一寸土地，而是本著以能防守這邊界為第一目的。反之，王存善則希望少劃一寸土地為英界，則對國家有所交代。因此雙方在勘界時甚少爭議。英方盡量以自然環境為界。例如河流，則以河的北岸為界。河的北岸為華界，南岸為英界。但對於山嶺，則必爭取高地為英界。對於平原和通道，則可讓步，因此當時勘界是相當順利的。一邊勘界，一邊設立木橋，將來訂立界石時，則在木橋處立界石為界。

勘界完成之後，王存善和駱克簽署了一份《香港英新租界合同》，這張合同將界址詳細列明（全文請見本書第 46-47 頁）。

從這份《香港英新租界合同》的內容，可以看到當時勘界極為認真，再看看現時的邊界地圖，亦可知道英方並非寸土必爭。沙頭角墟本來以沙頭角河為界，本可將整個沙頭角墟劃入界內，但勘界之時，卻在「至一窄道。左界潮水平線，右界田地，東立一木樁。

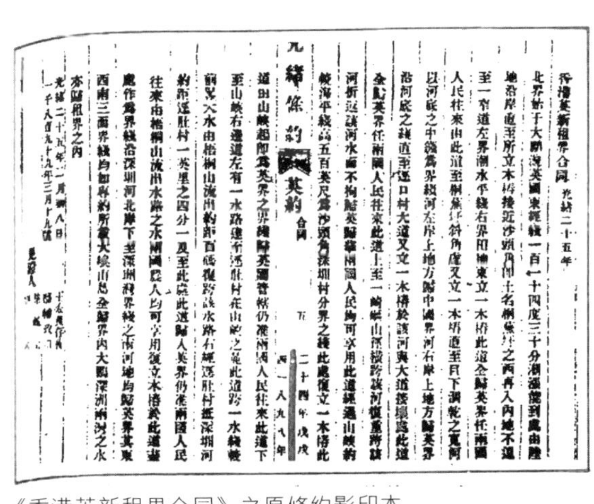
香港英新租界合同 光緒二十五年
北界始于大鵬灣英國東經綫一百十四度三十分潮漲能到處由陸
地沿岸直至所立木樁接近沙頭角即土名桐芜墟之西再入內地不遠
至一窄道左界潮水平綫右界田地東立一木樁此道全歸英界任兩國
人民往來由此道至桐芜墟斜角處又立一木樁直至目下涸乾之寬河
以河底之中綫為界綫河左岸上地方歸中國界河右岸上地方歸英界
沿河底之綫直至逕口村大道又立一木樁於該河與大道接壤處此道
全歸英界任兩國人民往來此道上至一嶺嶺上山徑跨該河復重跨該
河折返該河水面不拘歸英歸華兩國人民均可享用此道經過山峽約
較海平綫高五百英尺為沙頭角深圳村分界之綫此處復立一木樁此
道由山峽起即為英界之界綫歸英國管轄仍准兩國人民往來此道下
至山峽右邊道左有一水路達至逕肚村在山峽之麓此道跨一水綫較
前略入水由梧桐山流出約距百碼復跨該水路右經逕肚村抵深圳河
約距逕肚村一英里之四分一及至此處此道歸入英界仍准兩國人民
往來由梧桐山流出水路之水兩國農人均可享用復立木樁於此道盡
處作為界綫沿深圳河北岸下至深洲灣界綫之南河地均歸英界其東
西南三面界綫均如專約所載大鵬深洲兩灣之水
亦歸租界之內
光緒二十五年二月初八日
一千八百九十九年三月十九號
見證人

光緒條約 中英約 合同 二十四年戊戌 西一八九八年 五

《香港英新租界合同》之原條約影印本

此道全歸英界，任兩國人民往來。由此道至桐蕪墟斜角處，又立一木樁，直至目下涸乾之寬河，以河底之中線為界線」，便將沙頭角墟劃出界外。這條邊界，就是現時沙頭角墟內的中英街。

沙頭角墟本名桐蕪墟，界址在墟外邊緣，後來因為它位於中英邊界，在英界也發展成為墟市，於是兩個墟市只隔一條街，這條街便叫中英街，而原名桐蕪墟的也叫沙頭角墟，桐蕪墟之名現在反而沒有人知道。這樣一來，人們便產生一種錯覺，以為勘界時硬將沙頭角墟分成兩邊，一邊英界，一邊華界。其實整個墟市本在華界之內，英界方面的墟市是後來發展而成的。

駱克於 3 月 19 日和王存善簽了合同之後，便請示當任港督卜力爵士（Sir Henry Arthur Blake, 1840-1918），擇定良辰吉日接收新租界，因為勘定了界址，就可以接收。

卜力爵士是在《專條》換文之後才來香港任港督的，他於 1898 年 11 月 25 日抵港履新。他的任務是來接管新界，因此攜來維多利亞女皇（Queen Victoria, 1819-1901）的任命狀，賦予港督管轄新租界的權力。在此之前，港督權力只及九龍界限街之南，卜力爵士開始，港督的轄權才伸展到新租界。

卜力來港　接收新界

卜力爵士原定 4 月 17 日正式接收新界，但卻提前一日接收。筆者說他是來香港接收新界，是因為他於 1903 年 11 月 21 日任滿離港時，向英倫提交一份報告書，該報告書是報告接收新界情

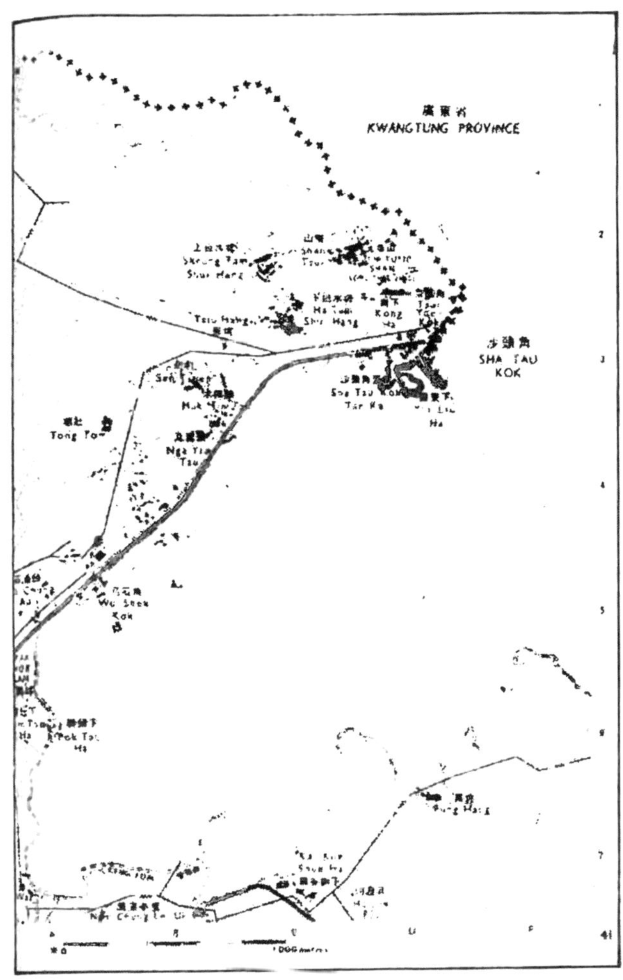

沙頭角一側的中英邊界圖。從圖中可見到初期勘界時，原名桐蕪墟，今稱沙頭角墟部分並不劃入界內，其後沙頭角英界方面也發展成墟市，於是兩墟市形成一墟市，墟市與墟市之間豎立界石，即成今日的沙頭角墟的「中英街」。

形，筆者今將《卜力接收新界報告書》全文錄出，以供參考：

接收新界租借地，原定1899年4月17日舉行，臨時提前一日接收，經於16日在大埔豎立英國旗。當時有一部分民眾受人煽動至與英軍作敵制裁，不致妨害地方治安影響大局。關於此事，前次報告業經詳細奉陳，茲不再贅。新界歸併香港管轄，四年以來，海陸盜匪勢頗披猖，此等案件不斷發見。而鄉族之間，又每因農田水利發生爭訟，鄉人不事排難解紛，動輒以鄉族勢力大小為從違，使小族者往往負屈難伸，無可投訴。當任輔政司駱克於勘定亂變後躬赴各鄉村視察並任宣撫，而小族鄉人嘗提出請求，希望政府予以實力保護，免再受大族者之壓迫。上述兩事，若盜賊之勦除，若制防鄉人以強凌弱，是為政府第一步工作，蓋所以維護地方治安與維繫鄉族間之感情也。

關於治匪工作。現經調遣陸軍分駐一帶要衝，並充實警隊守護力，軍警通力合作，聯隊出任逡巡。在大埔墟設總警署，敷設電話與香港九龍各警署聯絡，此為維護該地治安之設施也。關於治民工作，新界全部地方劃分8區47分區，鄉村耆老，德望所歸，則委為各區長老，而負約束子弟之責，遇有糾紛事件則予以審斷之權。同時同輔政司駱克統制監視。此項司法自治制度原甚完善，惟各區耆老多不願負起責任，遇事必須請示輔政司，嗣另委夏理德（E. R. Hallifax）為警察裁判司，然其審判工作大部分屬於仲裁性質者，此該地執行司法審判之大略情形也。

大埔墟為新界之中心地點，行政司法及警察總機關均於此設立。在第一步工作計劃完成之後，即開始策劃稅收。查新界區域，地方貧瘠，鄉人生活，全靠農漁。九龍山嶺以北地方之稅收現在僅有地稅一項，近來僱用大幫人員為丈量工作，並設有土地法庭，審查業權調驗契據。在 1903 年 3 月 31 日以前，丈量田畝共達 283975 件，而有契據確定其有管業權者只有 219517 件。副輔政司甘弼士（J. H. Compertz）兼任該土地法庭委員。狀師及律師均可出庭代表訴訟，如所值不多之事件，則採取簡易程序，以免當事人負擔多量費用也。至九龍山嶺以南地方，自接收新界之後，地價增加。數量不少查鯉魚門附近魔鬼山海岸有地一段，佔地約 227 英畝，十一年前承批闢作魚塘之用，租金每年僅五元，迨劃歸英國管轄，業主轉賣該地得價達 5000 元。地價激增，可為例證。

新界區域面積約 370 英方里，農田佔 45000 英畝，伸 61 英方里，人口約 10 萬，是每一英方里地方有人口 270 名。而農田每一英方里則為 1639 人。農田面積既不敷用，於是有改執漁業以謀生活者，然人口稠密生活艱難，在未創設他項實業以前，稅收一項自感困難耳。查 1902 年全年稅收不過 45331.03 元，故現經計劃開闢牧場，增設糖廠，獎勵農人種蔗，蔗可提高鄉人生活，即所以充裕稅收也。1901 年度新界行政經費為 326668.73

元，然泰半係為土地法庭經費與工務用費，實際上行政經常費每年約 162000 元，自可綽有餘裕也。

關於新界及大嶼山有無礦苗足資開採，政府現尚未有進行勘驗，但現在大嶼山銀礦已在測驗中。此項計劃，一俟經濟許可，將聘用地理學專家實行考查，如有足資開採，則農民多一出路，於新界發展前途裨益不淺。關於新界教育，政府不加干涉，現在元朗地方已設英文學校一所，專為教育新界兒童而設。關於新界地方之發展，如能官民合作，前途正大有可為也。

《卜力接收新界報告書》未提到一件引起中英雙方邊界糾紛的事，這件事和《香港英新租界合同》上的文句有關。因文中有「北界始於大鵬灣英國東經線一百一十四度三十分潮漲能到處」之句，香港的兵艦就常常駛入后海灣及沙頭角海華界之內，於是常有英人攜鳥槍到華界方面去打獵，亦常有警察在華界出現。當時中國方面曾多次向廣州的英領事提出交涉。卜力爵士於 1901 年 5 月 31 日（光緒二十七年四月十四日）通過廣州英領事照會兩廣總督，當時兩廣總督已不是譚鍾麟，而是上任不久的陶模。關於此項照會，中國方面有詳細記載。其照會全原文如下：

為照會事：新租界水面英國之權至何處一事，現准香港總督來文，內開：「本港政府並不以為英權可至流入海灣之河港，是流入租界深圳河之河港，但可至各海灣漸漲能到之處，與深圳全河至北岸潮漲能到之處耳。

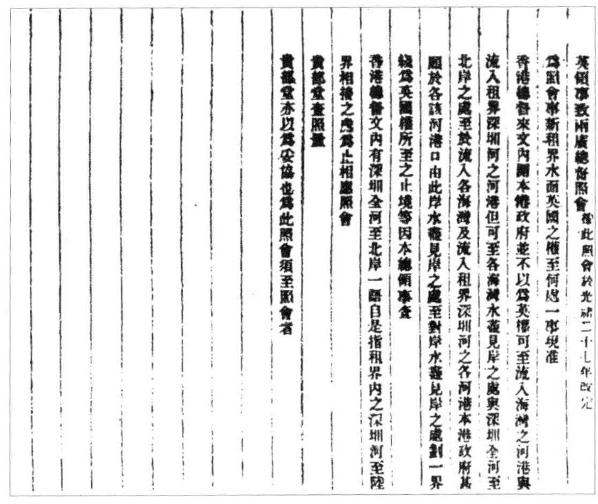

英領事致兩廣總督照會 按此照會於光緒二十七年改定

為照會事新租界水面英國之權至何處一事現准

香港總督來文內開本港政府並不以為英權可至流入海灣之河港與流入租界深圳河之河港但可至各海灣水盡見岸之處與深圳全河至北岸之處至於流入各海灣及流入租界深圳河之各河港本港政府甚願於各該河港口由此岸水盡見岸之處至對岸水盡見岸之處劃一界線為英國權所至之止境等因本總領事查

香港總督文內有深圳全河至北岸一語自是指租界內之深圳河至陸界相接之處為止相應照會

貴部堂查照

貴部堂亦以為妥協也為此照會須至照會者

改正後之《英領事致兩廣總督照會》，其中已將「潮漲能到之處」改為「水盡見岸之處」。原文下有：「按此照會於光緒二十七年改定」字樣。

至於流入各海灣，流入租界河之各河港，本港政府是願於各該河港口，由北岸潮漲能到之處，至對岸潮漲能到之處劃一界線，為英國權所至之止境」等因。本總領事查香港總督文內，有深圳河全河至北岸一語，自是指租界內之深圳河至陸界相接之處為止。相應照會貴部堂查照。量貴部堂亦以為妥協也。為此照會須至照會者。

這份照會，是答覆中國多次交涉的文件。提出交涉的兩廣總督，有 1900 年 5 月 24 日到廣州上任的李鴻章（1823-1901），及 1900 年 9 月 26 到任的陶模。李鴻章當時任兩廣總督只有幾個月，後來調任直隸總督，陶模接任。兩位總督向英領事交涉，必須劃清水上的界址，免英艦常駛近華界岸邊，甚至登岸打獵。卜力爵士行文廣州英領事，指《合同》上有「潮漲能到處」一語，故認為英國的水界應到「潮漲能到之處」。

研究這份照會，應知道香港的地理情況，試打開香港工務司署地政測量處出版的《九龍及新界地圖及導遊指南》的邊界地圖，就知道所爭議的目標，是后海灣和沙頭角海的水界問題。在沙頭角海上，由於榕樹坳，鴨洲、吉澳等島是英界，這些地區對面就是華界，當時王存善勘界時沒有劃清海上界地，故英艦和英人常常出現於華界岸邊；另一邊的后海灣，其情形也是一樣，該處深圳河出海的河港，對面就是蛇口與南頭等地區，英人本「潮漲能到處」一語，便可以常常到這些地區去，英艦也可以游弋於該處。故李鴻章與陶模先後提出質問，卜力爵士便以這一照會回答。

兩廣總督陶模力指「漸漲能到處」一語有語病，且會造成混亂，使港督難以阻止英國人到華界滋事。卜力亦深覺陶模言之成理，因此叫英國駐廣州領事，再將照會內文中「潮漲能到之處」改為「水盡見岸之處」。為了傳真，筆者特將改正的照會影印出來，供讀者對照兩照會中不同之處，但知只是將「潮漲能到之處」，全部改為「水盡見岸之處」。並請留意照會影印本上的一行細字：「按此照會於光緒二十七年改定」字樣。

所謂「水盡見岸之處」，其意義是水乾的時候，看見水底海灘的地方，意思是同意規定在后海灣與沙頭角海兩處稱做「河港」之海面，以雙方岸邊潮水退至最低潮時，以見到海坦之處起計，在雙方的海坦與海坦之間，劃一條中界線，作為界址。以便潮水退盡時，船艦仍可在界內航行。這份照會，可是中英海界勘界的一份重要文件。

卜力爵士將「潮漲能到之處」改為「水盡見岸之處」，是維持駱克劃界時的精神。在當時英國的炮艦政策下，英艦隨時可以橫衝直撞，何必一定要堅持「潮漲能到之處」呢？這是卜力爵士聰明的地方。但這一海界的照會，至今仍為本港水警和海軍船艦所遵守。到過沙頭角海鳳坑村至榕樹坳一帶旅行的人，都可見到水警輪在靠近英界岸邊行駛。在 1969 年時，筆者曾到該處作實地考察，發現鳳坑村前有一碼頭，碼頭有街渡到沙頭角去。當地附近各鄉村鄉人，常乘這街渡到沙頭角墟華界去購物，因為如入英界沙頭角墟，要領邊境通行證才能登岸，到華界則不用通行證。當時這街渡是等待沙頭角海巡邏的水警輪行駛，才駛進華界碼頭登岸，買了東西之後，即乘街渡回來。其時本港禁售煙花炮仗，時近農曆新年，鄉人自華界購買大批炮仗煙花回來。自非法入境者潛入，沙頭角海加強巡邏，鄉人已無此方便了。

后海灣方面也有同樣情形，本港水警輪仍以在水盡見岸之處的一側海面巡邏。在非法入境者甚少的年代，流浮山的蠔豉和蠔油，很多是在對岸華界運來的。

很多研究香港歷史者誤以為海上的界址未曾劃定，原因是忽略卜力爵士改正了給兩廣總督的照會，更忽略這照會的確定水界的性質。霜崖先生在《香江舊事》一書裏，有〈「新界」勘界史話〉一章，文內將《英領事致兩廣總督照會》的改定本錄出，但在引錄陶模給總理衙門的咨文時，又將英領事未改定的照會略去，使人看不明白事件的真相。這是例子之一。

陶模給總理衙門的咨文，大意是説明勘界的事已經解決，水陸兩界都確定下來了。故他的咨文末尾的一段，有如下的文句：

……似此詳晰聲明，則彼此官差人等，自可了然，亦免將來別生枝節。除照復轉致外，相應咨呈，為此合咨貴衙門謹請察照施行。須至咨呈者。

陶模是將英領事改定的照會，速同咨文一齊送達北京的總理各國事務衙門的，故文中有「謹請察照施行」之句。這句話説明了界址已經勘定，對於以前出問題的海界，亦可根據英領事的照會作為勘定海界的文據。

以上是清朝時勘界的情形，在海界解決之後，即進行立石為界，在初次劃界時立下木樁的位置，改立石界。石界是石碑，上面刻有「光緒二十四年．中英地界」字樣。

1941 年 12 月 8 日，當日軍自深圳長驅直進，攻佔香港之後，日軍既佔領香港，又佔領華界一帶地區，他們認為這些石碑已無存在價值，於是將這些石碑掘起，有些投入河中，有些拋在山邊，任由泥土掩埋。

日本投降，抗戰勝利，香港重光後，中英邊境由於沒有了石碑地界，成為無界址時代。故英方極希望南京政府派人來港，重行勘定邊界，將界石再豎立起來。

當時香港派駐沙頭角的英軍，已沿邊界找回刻有「光緒二十四年．中英地界」的石碑。但香港政府並不私自將石碑地界憑自己的意見豎立，因為當時南京政府在外交上，對英國極為強硬，誠恐私自立回石碑，引起糾紛。故自 1945 年至 1947 年，中英沙頭角一側邊境陸上，成為無定界的邊界。

九龍城寨在《展拓香港界址專條》上，規定為在租借地之外

1947 年 10 月 1 日，港督葛量洪從香港飛往南京，與內地政府商討香港問題。圖為 10 月 1 日晚上南京市長沈怡設宴招待港督夫婦時攝。

的一處不屬租借地的地區。這地區向來被香港政府視為「敏感地帶」。所謂「敏感地帶」的意義，在外交上來説，是考驗中國政府對光緒二十四年所立的條約是否仍然承認。所以每逢中國政局有所變動時，就出現「九龍城寨事件」。（關於「九龍城寨事件」中各項爆發的歷史背景及其經過，筆者將另為專文説明。）英國於抗戰勝利後，雖根據戰爭末期在開羅舉行的蔣介石、羅斯福和邱吉爾的會議時的協議，繼續統治香港，但對於租借地的新界，因屬租界問題，仍未十分放心，故又爆發了一次「九龍城寨事件」。

1947 年的九龍城寨事件

1947 年 11 月 27 日，港府即對九龍城寨採取行動，限令城寨

戰後中英勘界前三個月，即 1948 年 1 月 5 日，港方派警察進入九龍城拆屋，掀起一場「九龍城寨事件」。

居民於兩星期內，自行拆去所有屋宇，自行遷出。12 月 5 日，港府又發表聲明，謂在九龍城寨內，香港政府有管轄權。於 1948 年 1 月 5 日，派出大批警察，配合拆屋人員，進入九龍城寨去拆屋，立即引起中英外交緊張。當時外交部次長葉公超來港，向港督葛量洪交涉，而寶安縣長王啟俊亦親到九龍城寨去慰問城寨居民，南京政府亦向英駐華大使提出抗議。這事件結果是不了了之。香港政府並未真正履行其聲明，九龍城寨居民依然重建其屋宇。由此可見，這「敏感地帶」只是一個「外交氣球」。因為南京政府既堅持九龍城寨不屬租借地範圍，在外交姿態上，等於繼續承認光緒二十四年所訂的條約，為將來勘界提供先決條件。

當時南京政府正在與英國商訂防止走私協定，這協定主要是防止私梟利用香港走私。九龍城寨事件在這時期爆發，更具有意味深長的外交作用。故防止走私協定於 1948 年 1 月 20 日簽訂施行後，事件即告平息。此後是中英雙方的外交部，發表照會，作為對城寨事件的陳述而已。

防止走私協定的來龍去脈

關於英國駐華大使史諦文爵士與南京政府外交部長王世杰（1891-1981）所簽訂的防止走私協定，其條文已載於廣角鏡出版社的《香港與中國——歷史文獻資料彙編》第 224 至 225 頁內，讀者可自行參考，因篇幅所限，此處不再引錄。

這份中英雙方防止走私協定的特點，有詳細説明的必要，因為只看協定條文，並不知道施行這協定的實際情形。由於協定第二條，有如下的條文：

> 中國海關得在香港境內自由擇定地點設立檢查處所；並派駐關員，對於輸往中國之應稅貨物辦理預行徵收關稅，或預予估定稅額事宜。

因此，當時國民黨政府的海關，選擇了尖沙咀廣九車站設立檢查所，並派駐關員，徵收關稅。凡乘直通火車到廣州的旅客，在尖沙咀車站入閘前，先由中國海關關員檢查行李，對於攜帶洋貨上廣州的，就在尖沙咀火車站估定稅額，在香港徵稅。由此可見，防止走私協定，對南京政府給予很多幫忙，因此南京政府便同意再和香港政府勘定兩地的界址。

在防止走私協定實行後三個月，即1948年4月15日，南京政府訓令廣東省長派一代表團來港，是香港官員勘定被日軍毀去的界石。當時派來香港勘界的代表團，由廣東省民政廳長徐景唐（1895-1967）為團長，團員有廣東省民政廳處長科長潘緒忠、地政局督導曾準秋，兩廣外交特派員公署秘書李新民、吳信雄、寶安縣縣長王啟俊、寶安縣警察局長蕭天來、廣東省綏靖公署朱麗泉、技正古士宗、技員徐卓安、徐卓培等。

香港政府的勘界代表團，團長是新界民政署長班輅，政治顧問史美斯、大埔理民府威廉士，田土局長丹菲路、田土委員披亞臣、新界警司傅利沙、華員技正王漢、陳佩霖、英駐廣州領事館梁超文等。

雙方代表團於4月15日同到沙頭角去，按照當年王存善告駱克勘界時的起點勘起，即在沙頭角墟起勘界。《新界概鑑》一書，載有當時勘界情形，可供參考：

> 雙方代表會同出發測勘。測勘工作最先由東面海灘上第一二方界碑開始，然後西向進入市街，再越市街而至墟外之黃泥河，沿途均依舊界重測一次，勘定豎碑位置，以備重新豎立。勘至黃泥河界碑時，因河流變遷，界碑移動，除協議在河床中心原有位置重豎界碑，並決在兩岸各豎測定界碑一方，以防將來容有變遷有所根據。測勘工作由下午一時開始，歷兩小時許始告完成，每一界碑位置測定後，即用白粉作標識，另由工程人員

1948 年 4 月 15 日，中英勘界時雙方在沙頭角重豎中英界石。圖中手持地圖者為國民黨政府廣東省民政廳長徐景唐。其側為香港代表班輅，刻有「光緒二十四年．中英地界」的石碑後，手持工具者為技正古士宗，其旁為寶安縣長王啟俊。

另行豎界碑以後，境界分明。

這次勘界，由於有五塊石碑的位置要重新勘定位置，因此這五塊原刻有「光緒二十四年．中英地界」的石碑，背面再刻上「中華民國卅七年四月十五日重豎」等十四字。當時為了使這些重豎的石碑合法化，徐景唐和班輅代表中英雙方，於 4 月 17 日下午 1 時，在當時國民黨兩廣特派員公署香港辦事處內，簽訂了一份文件，確認這些地界成為雙方同意的地界。這份文件名為《重豎沙頭角中英界石備忘錄》。其全文如下：

沙頭角中英界石，因 1941 年（中華民國三十年）香港淪陷後，有為日本軍移去，勝利後，經中英雙方政府同意就原有地點重行豎立界石，中國方面代表由廣東省政府民政廳長徐景唐領導，英國方面代表由香港新界民政署長班輅領導，於1948年（中華民國三十七年）4月15日在沙頭角相會，經實地踏勘，雙方代表商定如下：

（一）沙頭角中英邊界之第一號第二號界石，係豎在原處，雙方同意可仍舊不動，但第三號，第四號，第五號，第六號，第七號共五塊界石，均經日人移動，經雙方代表踏勘後，同意將原有界石重復豎回原處，並在該五塊界石上刻明「中華民國三十七年四月十五日重豎」。

（二）原有界石第八號，係在河床中心點，因水流關係，已將之沖倒，因此雙方同意，在河之兩岸，各豎標誌石一塊，以指明第八號石之位一塊號以（甲）字，一塊在該兩塊標誌石相距之一塊號以（甲）字，一塊號以（乙）字，又雙方同意在該兩塊標誌石上刻明下列字句：「此標誌石甲乙號，距離標誌石第八號七十英尺，甲號及乙號兩標誌石相距之中心點，即為河床內第八號石之位置。」

（三）雙方代表當場協定，各個界石（第一號至第八號共八塊）之真實方位及距離，由中英兩方會同踏勘，記明在地圖上以資證明。該地圖須備兩份，由徐景唐及香港新界民政署長班輅簽字，見證人中國外交部兩廣特派員公署香港辦事處秘書吳信雄，香港政府政治外交顧問希科史美斯，中華民國三十七年，公曆1948年4月17日。

這份歷史文件因無專書記載，為大部分研究香港歷史的人所忽略，筆者是從 1948 年 4 月 18 日本港報紙中抄錄出來，供研究中英關係史者參考。當時簽署這備忘錄的地方，是在國民黨外交部兩廣特派員公署駐港辦事處內簽署的，這辦事處設於滙豐銀行樓上。備忘錄中的香港方面的見證人希科史美斯，來港就任外交及政治顧問只三個月，因中文報紙多沒有英文原名刊登，故無法將原名列出。據說他是當時一位中國通，熟悉中國情形。

由於本文提到中英防止走私協定，協議中國海關可在香港設關抽稅，故順將當時南京政府駐港機關的所在地，錄出以供參考：

南京政府駐港機關	所在地
中國九龍關公署	公主行
中國軍事代表團	淺水灣
中國憲兵隊	棉登徑四號
中國交通部特派員	活道六號
中國交通部材料轉運處	九龍漢口道
國民黨港澳總支部	公主行

邊境宵禁及非法移民政策的回顧

八十年代港府實施了一系列新措施，以對付來自中國內地的非法入境者，原因是這些非法入境者源源不絕進入香港，使香港人口突然膨脹起來，嚴重影響各種規劃，並引起很多社會問題。港府實施的新措施，包括：(1) 在新界邊區實施宵禁，(2) 取消了以往那種准許成功進入市區的非法入境人士領取身份證的資格；(3) 通知所有僱主，不得僱用沒有身份證的人工作；(4) 市民在市區內必須隨身攜帶身份證，以利警務人員檢查非法移民。

這些新措施，對研究香港掌故的人，提供了新的研究題目，就是：第一，在新界邊境實施宵禁，是不是新的措施，是否過去未曾發生過？第二，為什麼香港以往有成功進入市區的非法入境者，准許他們領取身份證的辦法呢？這種辦法是什麼時候開始的呢？第三，身份證的歷史意義是什麼呢？

當年邊境宵禁　範圍廣時間長

原來，在新界邊境實施宵禁，並不是新的東西。當 1950 年的時候，新界邊境即已實施宵禁，那時新界的宵禁區比現在的更為廣泛，現在重溫當時的新界宵禁區的範圍，可能使你吃驚。1950 年的宵禁區如下：

由深圳河口西岸之點起，向東推進，沿中英邊界以至該邊界東端沙頭角，再折向西南，沿沙頭角粉嶺公路之南邊，以至該公路南小徑之叉點（在淡竹坑村西面小徑）脫離公路，南趨鬼嶺頭，鶴藪之起點，再折回南，沿經沙羅洞，至吐露港北岸之小徑南邊，再折向西，沿吐露港北岸，以至大埔粉嶺交界處（大埔墟公路北端），以至與新林村公路之叉點，再折向西沿公路南邊經南村及八鄉，以至該公路與元朗、沙田公路交界點（凹頭）再折向西，沿公路西邊，以至跨越該河之橋（紅毛橋），再沿該河東北岸，推進至該河與深灣交界處，以至深圳河口之交界處地點。

看了這宵禁區的範圍，便知道現時很多熱門的旅行路線，都劃入宵禁區內。吐露港一帶的旅行區，如八仙嶺、船灣淡水湖、新娘潭一帶，都在宵禁區內。一部分「麥理浩徑」的旅行路線、上水、元朗大部分地區，也實行宵禁。

當時宵禁的時間，也比現時宣佈的為長，由晚上 10 點鐘開始，至翌日晨早 6 時止，宵禁時間達八個小時之久。在該區生活的居民，夜間不准外出，除非領得宵禁通行證，否則即時拘捕，執行得十分嚴格。

這種措施，顯然是屬於「非常時期」。考第二次世界大戰前夕，當日軍侵佔了香港鄰近地區時，新界還未施行如此廣泛的宵禁範圍。那時，日軍的炮兵團在深圳蠢蠢欲動，香港似乎視而不見。為什麼已經 1950 年，卻又如此緊張，作出這種非常的決定呢？

原來，當時中英邦交陷於最低潮，中國政府建立政權使全世界都產生「恐共症」。這些措施是由「恐共症」而產生的，雖然當時中國政府並沒有表示要解放香港，但香港方面卻有恐懼心理

1953 年新界宵禁區縮窄範圍圖

出現。把如此廣闊的地區宣佈實施宵禁，其作用有二：第一是監視深圳河以北的一切軍事活動，恐防會受到突如其來的進攻；第二，防止所謂「土共」的活動。

加上朝鮮戰爭的爆發，要執行「禁運政策」，防止有人將戰略物資偷運出口，故宵禁區擴大到目前新界的心臟地帶。經過歷史的考驗，證明當時這些措施，完全是不必要的。

宵禁區域這樣遼闊，結果是窒礙了新界地區的發展。故此到了 1953 年 4 月，當局不得不將宵禁區的範圍縮小，取消了吐露港一帶的宵禁區，也取消了沙田附近的宵禁區。但是，粉嶺公路以北、上水、河上鄉一帶，仍是宵禁區（參閱左頁宵禁區地圖）。

身份證制度　始於四九年

當時香港已實施身份證制度，最初的身份證並不是現時的過膠卡片式的，那時是一種用黃色硬紙製成的手摺式的身份證，查本港戰前，並無身份證之設，身份證是根據 1949 年第 37 號《人口登記條例》，於該年 8 月 19 日公佈施行的，該條例有如下幾點規定：

> 第四條。（一）除須遵照第十五條（二）項之規定辦理外，凡於本例施行時居留本港或於此時之後進入本港，須申請依本例規定登記。……
>
> 第五條。（一）無論何人在依第四條（二）項規定頒

發命令後進入本港，而其人係屬於該令指定職業或種類者，須於蒞港後七日內依本例規定申請登記。

（二）無論何人在依第四條（二）項規定頒發命令之日非屬於該令指定職業或種類，而續後則成為此項職業或種類者，須即依本例規定申請登記。

（三）凡依本條規定申請登記，須依令內指定方法及所定手續為之。

第六條。登記總監須依所指定者設置登記冊，備載登記人姓名及其他詳細事項。但登記事務官如有理由相信申請人所報事項有重大虛偽所為者，得拒絕登記其姓名及詳細事項，如已登記，得予以刪除之。

第七條。凡依本例規定申請登記者，依法得著令申請人向指定之人員印壓指模及攝取照片。

根據這些條例，便知道身份證的意義在於證明持證人為本港居民，同時，凡從外地進入本港，即時有職業或將未有職業，都須在蒞港後七日內領取身份證。

有了身份證，在新界的宵禁區，就可以領取宵禁通行證。但是，當時在宵禁區的居民，並不是人人可以領取的，當時的政策仍是希望新界鄉人過鄉村生活，以盡量減少夜間外出為宗旨。下面是 1953 年出版的《新界概鑑》所載關於領取通行證的敘述：

由 1953 年 4 月起發出一種「特別通行證」給予轄屬戒嚴區之各鄉村代表。惟發證時，須由當局調查該代表身份履歷操行等，認為殷實，始予給領，每代表限領一張，該證有效期暫定為六個月，證上列有號數，並填明持證人姓名、住址、身份職業等，指定在宵禁期間使用，憑證通行，惟仍須攜帶其居民身份證，以備軍警人員檢查時，提出檢驗。該證除持有人通用外，至於鄉民，若有要事，必須通行宵禁戒嚴區者，可向所屬之村代表領取該證備用，但必須取得原持證人村代表及村長繕寫之證件，以便查驗，務使周密使用，以防流弊。

在宵禁時間內，來往人等不但都要持特別通行證，即在白日間警方也常常要檢查居民身份證，才許通過，外籍人士更不許無故出入，乘火車到羅湖的，到了上水，就要檢查大陸的入境證。一般旅客的汽車，來到了上水稍過，就要停車，如果去沙頭角的車，更不能過石涌坳關閘。

發展新界區　取消宵禁令

看了這些記載，就知道當時該地區的居民極不方便。鄉民不斷提出反對，鄉議局亦不斷向政府要求取消宵禁令。但當時本港並無非法入境者的問題存在，因為 1950 年，中國政府宣佈出入國境辦法，如果沒有許可證不能出進國境，那時並沒有人從內地偷渡來港。相反，有很多華僑及本港人士申請回國定居。新界邊區實施宵禁，並非為了阻止非法移民入境，只是為了「軍事」上的需要。這種措施，漸漸因為香港方面發覺，發展新界的農業、牧畜業、養魚業，對香港副食品的自給有極大的幫助，故後來漸漸取消了宵禁令，只把鄰近沙頭角、羅湖、文錦渡等地區列為禁區，代替了以前的宵禁區。

取消了新界的宵禁令，證明對香港有利。上水、粉嶺一帶開了很多農場，豬隻和雞隻供應全港市民之需，減輕了依賴進口的壓力，菜農所種的蔬菜亦大量供應。新界各區都得到發展。

1962 年 5 月，突然有數以萬計的內地移民湧入本港，這是歷史上第一次不循正當途徑湧入本港的移民。在過去，當盧溝橋事變後，也有大量內地移民來港，但當時都是從正當的路線進入。1949 年，國共戰爭臨決定性階段時，也有很多人湧入香港，但人潮都是經過關卡及車站、碼頭等處來港的。至於 1962 年 5 月的情形，便完全不同。

他們在新界各個邊區，爬山越嶺，剪破邊境的鐵絲網，湧進香港來。當時有些報紙，稱之為「大逃亡潮」。

究竟是什麼原因，會有這許多人來港，中共對這件事至今還沒有正式的評論，姑不置評。值得一談的，是當時香港當局對這次大量移民湧入本港的態度。

當人潮湧來的第一天，港府的態度是表示歡迎。所有的警察對那些拖著孩子進入本港的人，協助他們在上水、粉嶺登上火車，表現得非常友好。這一群非法入境者，對那些面露笑容的警察投以驚奇的目光，因此他們也面露笑容以待。

第二天，非法入境的人潮更多，當局雖然沒有正式宣佈表示歡迎，但從警察善待他們之舉，人們已知道港府採取歡迎態度。

是什麼原因，讓港府當時採取歡迎的態度呢？分析起來，亦頗有趣的。

試回顧上述邊境宵禁區時代的情形，就應該會問：當時的香港，難道不怕這些來自「共產中國」的人把香港「吞掉」嗎？為什麼不怕把細小的香港擠得「陸沉」呢？

事實上，這一次入境人潮，是治療本港以往「恐共症」的一劑良藥。港府看到來港的人潮，大部分是年富力強的青年，很多也是拖男帶女的壯年父母，他們只帶着簡單的行李而來，充分表現出對本港生活方式的嚮往，而放棄「共產中國」的生活方式。一種制度的優越感，在那時立即產生。這是採取歡迎態度的主觀原因。

客觀上，當時香港經濟結構，已由轉口港具變成工業城市。很多工廠正擔心勞工不足，來了這群盛年的移民，正好增強本港產品外銷的競爭力。因為當時本港外銷產品，以工資低廉使成本輕而具競爭能力，他們馬上可以補充勞動力的不足，而使工資下降。這是受歡迎的客觀原因。

但是，當人潮連續第七天湧入時，新的問題又出現了。人口過多造成社會混亂，有限的工廠不能容納這許多人工作，於是，港府立即宣佈將後來者拒於門外。

當時，港府同時宣佈，凡成功進入市區的內地移民，立即辦理身份證登記，使這一批非法入境者，全部成為本港居民。

這就是非法入境者成功進入市區後，能順利發給身份證的法律根據。在過去，很多人會問：既然在新界地區對非法入境者即捕即解，為什麼一個長久時期，又容許進入市區的非法入境者登記領取身份證呢？這豈不是矛盾？他們不知道，這一措施是 1962 年 5 月所施行的。如果要改變這些措施，必須另立法例才能加以改變。

事實上，在接近邊界地區捕獲非法入境者可即捕即解，成功進入市區可登記領取身份證，這兩項措施是非常有意義的。故自 1962 年至 1980 年 10 月 26 日這段長時間內，能繼續施行。因為這可以視乎本港勞動人口的需要，而採取或寬或緊的辦法。何況，過去十多年來，非法入境的人數並不龐大，這政策正好為廉價勞動力而補充市場所需。它能在長達 17 年的時間內繼續執行，原因在此。

但是自 1978 年至 1980 年間，非法入境者越來越多，而這個時期正值本港工業轉向高質方面競爭，而漸漸不依靠廉價勞動力。大量廉價勞動力已失去其作用。

加上後期非法入境者的質素，比當初 1962 年的非法入境者有頗大的差別，因此不得不立法改變過去的措施。

香港的治安史實

近年來，香港治安惡劣，已到達到無人不擔憂的程度。劫案日出數宗，兇殺和謀財害命一類的案件，幾乎是無日無之。於是有人為香港治安擔心，有建議大開賭禁，謂開賭可以收容亡命之徒，使得一棲之寄，治安即能改善；亦有建議恢復死刑，說是有阻嚇力量，足使匪徒絕跡。這許多的意見，稽諸香港的史乘，非但只是建議而已，而且歷史上也曾行之有年，然而香港的治安仍是一團糟。

也許人們會問：難道當局無意改善本港的治安環境麼？這又不是。因為稅收的增加，有賴社會的安定，社會安定，則端賴治安之維持。當局是經常著意於改善治安的。然而改善不來，那只是另一原因罷了。為什麼本港治安難以改善？去研究一下本港的治安史，大概對我們去找尋答案會有幫助。

初期治安靠英軍維持

自從 1841 年英人來到這個小島之時，就開始著手研究治安問題。當時香港還沒有警察，治安的維持定要靠英軍。但當時的鴉片戰爭尚未正式結束，英軍為英國的侵略政策服務，經常被調動，因此英軍對維持本港的治安，範圍只限於軍營和一些正在建築中的公共建築物。對於市面的治安，只有用巡邏的方法加以維持，可惜沒有多大作用。因此，當時英軍曾因治安難以維持，嘗下旗撤退過一次。

一本由英國人沙雅氏（Geoffrey Robley Sayer, 1887-1962）所寫的書，名為《香港的誕生及其童年與成長》（*Hong Kong: Birth, Adolescence, and Coming of Age*）曾描述當時香港靠英軍維持治安的情形。由於英軍受侵華戰爭司令官的控制，當前線需要大量英軍時，留在本港的英軍不足以維持治安，便不得不撤退香港的英商及一些外國的商人。1841 年 2 月 20 日，因為英軍需要進攻虎門，不能維持治安，英商及鴉片販子便全部撤出香港。沙雅氏這樣寫出當時的情形：

> 當 2 月 20 日進攻虎門炮台的命令下來後，於是在 2 月 20 日那天，因為無法留下足夠的隊伍防守香港，不得不採取從香港下旗撤退的措施。因此市局就被遷移到沙洲 —— 一個介乎大嶼山與銅鼓洲之間的島嶼去暫住。

由此可見，靠英軍維持治安，不是長久之計。雖然，鴉片戰爭結束以後，調離之英軍很快又可以再行回防，但侵略軍奉命行事，誰又能預料下一次軍方又有什麼調動呢？因此，當時的歌賦將軍（Gough，中環的歌賦街及歌賦山均以此為名）對治安問題頗感困難。他開始著手研究一套以華治華的方法，參照當時中國內地的風俗習慣，擬定一套維持治安的計劃。這套計劃的內容如下：授權華人管轄華人，在華人中選出一位有聲望的委為幫長，任以統治權，英國人不得過問他的統治方法，只委他向當局負責，把治安搞好了事。但是，歌賦這幫長計劃，立即遭到同僚們反對。反對的理由很簡單，説是英國治下的地方，司法行政權不得委諸他族。歌賦的計劃遂不獲通過。

威廉堅招募 28 名警察

然而，治安是要維持下去的，歌賦的計劃雖不獲通過，但他的建議卻提醒了當時的最高當局。於是，由義律（Sir Charles Elliot, 1801-1875）仿照中國的縣長制度，委任陸軍軍官威廉堅（William Caine, 1799-1871，今堅道以之為名）為「維多利亞裁判司」，委任狀明定他的職權，有維持治安、拘捕犯人、判處犯人之權。他的權力和當時中國的知縣差不多，亦等於外國的警察局長而兼審判官的職位。

當時不但陸上治安很差，海面的海盜亦十分猖獗，因此義律又在同一時候，委任海軍軍官威廉畢打（W. Pedder，今畢打街即此名）為海事裁判司。他也和威廉堅一樣，具有港務局長及海事裁判官的權力。

威廉堅算是第一位英國人出來維持本港治安的人了。他的職業既和當時的知縣差不多，手下便需要像縣衙所需要的衙差一樣的人員。這衙差，便是警察。

當時威廉堅招募了 28 名警察，這 28 名警察都不肯值夜，只可稱為日班警察。原來當時入夜之後，治安非常惡劣，這批警察怕被人尋仇，不敢值夜。

現存的歷史文件中，有當時威廉堅的一張中文告示，可供參考。告示全文如下：

> 香港裁判司堅吾，為出示曉諭示：照得近來盜賊宵小，每在黑夜之間圖謀不軌，乘機竊發，遺害閭里，現為嚴加防範起見，特禁止華人居民夜行。於午夜11時之後，即不准出外閒遊街上（看更人不在此限），違者准警察即行拘捕，解案究治。凡爾華人居民，各宜凜遵毋違。特示。英國1842年10月4日。
>
> 大清道光二十二年九月一日（印）

禁止華人夜行強迫居民懸燈

從這告示可以看到，當時的治安的情形是如何的差了。威廉堅為了維持治安，不惜禁止華人夜行，同時開始招募夜班警察，以執行禁止華人夜行的法令。照現存可考的記錄，當時威廉堅招募了25名印度人當夜班警察，入夜後，他們沿皇后大道中一帶分班站崗，以便拘捕違例夜行的華人。

其實，當時的治安依賴警察的力量實在微乎其微，主要維持治安的責任，仍然落在居民身上。當時稍具規模的商行，都僱用大批懂得武術的看更人負責防盜。有些坊眾，則聯合僱用看更人，以打更巡夜的方式，維持一定範圍內的治安。所以上述告示上的「看更人除外」的字句後面，隱藏著真正維持治安的實質。

陸上禁止華人夜行，而海上呢？原來也宣佈禁止夜航。海事裁判司威廉畢打，同時也宣佈晚上 9 時至翌晨 6 時之間，港內船隻不准航行及泊近本港。用現代目光去看這件事，即等於維持一個毫無了期的長期宵禁。

為了配合這種措施，當局便實行一種「燒炮」制度。因為當時缺乏計時器，也沒有公共傳播機器，只好利用燒炮，作為傳播時間及實行宵禁與解禁消息之用。晨早 6 時鳴炮一次，表示宵禁已經解除。晚上 9 時亦鳴炮一次，表示宵禁開始實施。這種燒炮制度，一直維持到 1897 年。

為了便利印籍夜班警察站崗，又規定不論中西住宅，每家入夜之後，必須在門前懸掛街燈，以便照明街道，提防盜匪。當時沒有街燈，懸燈照明，實屬必要，但夜後即行宵禁，沒有行人，這些街燈唯一的用處，是給印籍警察方便值夜而已。

實行了這許多古怪的規定之後，罪案是否立即減少？治安是否真的改善呢？答案是否定的。因為罪案的產生、治安敗壞，主要原因是社會問題，不是夜間犯罪多，日間犯罪少的現象。同時，也不是嚴懲罪犯或對犯罪表仁慈的問題。但當局不去研究造成治安問題的社會因素，卻從各種頭痛醫頭腳痛醫腳的辦法中去維持治安，效果當然是極低的。

設治安委員封太平紳士

當時，港督砵典乍已經發覺，維持治安單靠英軍和警察的實力，實在有限。因此，1843 年 6 月 27 日，他在香港成立了治安委員會，希望利用當時的鴉片販子、英商、葡萄牙商人共同來維持治安。

治安委員制度，是英格蘭原有的制度，它的特點是由當局選定當地有地位及有聲望的名流出任委員，共同維持治安。由於治安委員有維持「太平盛世」的責任，不知是哪一位師爺，把它譯成了「太平紳士」。現在我們常常聽到的「太平紳士」，它的正確的名稱就是「治安委員」。

當時在香港的鴉片販子如渣甸洋行的馬大臣，是有武裝的商人，有荷槍實彈的自衛隊，它的商船上也有武裝。另外一些英商也有自衛武器，他們本身在使用自己的武裝保衛個人財富。利用他們共同維持治安，在砵典乍看來，成本是相當便宜的。

同時，又在華人中選出保長和甲長，實行華人保甲制度，利用有組織力的華人維持治安。

按道理，當時香港人口並不多，既有英軍、警察，又有英商的武裝力量加入治安委員會，更有保甲制度，又復有宵禁，治安應該能夠改善的。但事實並非如此簡單。

第一個劫殺匪判死刑

再看 1845 年至 1858 年間，有關嚴懲罪犯的記錄，就知罪案並不因此而減少了。據現存的檔案，1845 年 7 月 3 日凌晨，有兩伏刑者被執行死刑。一為英國水兵殺人犯，一為華人劫殺案犯。

兩犯同時執行，地點在西環荒郊，臨時設絞刑機，先期宣佈然後依時當眾行刑。查該死刑犯華人，名陳阿寬，曾於 1845 年 5 月 7 日，在東區燈籠洲地方，糾黨行劫住宅，槍殺事主後被捕而遭判決。是役，據説陳阿寬與賊黨多人行劫，軍警聞聲馳至，展開槍戰，賊黨多人被擊斃，陳阿寬失手被擒。據該檔案末尾有如下的幾句按語：「歷年劫案頻生，劫匪未嘗就逮，陳阿寬一名，蓋歷來劫案犯被獲之第一人也。」

至於海盜的猖獗，犯案多至罄竹難書。據記錄，1846 年，有海盜 300 人混跡香港，警察當局接獲線報，立即舉行戶口調查，但賊黨已聞風先遁。又同年 5 月，英商船荷馬士芝號船長，在港海附近捕獲七名海盜。又同年 6 月 14 日，賊黨械劫鴉片煙船比里華沙號，船長船員遇難。事後盜魁陳天宋在港售賣贓物被捕。因當時海盜案歸由海事法庭受理，本案為海事法庭受理第一宗海盜案。據文件記錄：該案於 1847 年 1 月 14 日開庭審判，判決陳天宋海盜罪成立，宣判死刑，翌日隨即公開行刑。據説陳天宋在臨刑前，談笑自若，自承一生犯海盜殺人案凡九宗，生死早已置諸度外，死不足惜云云。

罪案之多，真的是難以逐一列出，但有一件事，可以説明當時的情形。1847 年 4 月，因海盜案共 12 宗之多，海事法庭因審訊時間不足，曾要求港督批准延期審訊，因此與港督戴維斯（Sir John Francis Davis, 1795-1890）發生磨擦，正按察司卒被戴維斯免職，成為歷史上按察司與港督不和的第一宗不愉快事件。

然則，1847 年至 1850 年這幾年中，警察的人數是否隨著人口的增加而增加呢？是的，照記錄所示，1847 年，警察人數已增加

十九世紀末香港的印籍和華籍警察

至 155 人，計開：歐籍警官 50 人，印警 81 人，華警 24 人。以這有限的人數來維持治安，自然是不足夠的。故此自 1848 年開始，當局即設法籌募警費，以便擴大維持治安的警察人數。這一年開始徵收警捐，按戶抽稅。這就是差餉徵收的開始。抽了警捐之後，才大量招募警員，以擴大警察隊伍。

1857 年，設在荷李活道的中央警署建成，警察人數以幾倍的倍率增加。這俗稱為「大館」的中央警署，實際上是維持治安的總機關，裏面設有裁判司署，又設有維多利亞監獄。換句話說，犯法者被拘進去，便不必出門，在裏邊經審訊後，判處徒刑，便由這一間房，走到另一間房，算是完成了全部程序。

中央警署成立後，由於警察人數倍增，各區的分區警署也同時成立。當時為了維持治安上的方便，對於分區而治，劃分各分區警署的範圍，是將香港分成五區，其中四區稱為四環，另一區則屬山頂區。山頂區是西人住宅範圍，雖然山頂區的範圍很大，也不分作各小段，而屬於市區內的四區，則分成九個小段，故稱為「四環九約」。

中央警署成立　分四環九約維持治安

四環九約的分區分段方法是這樣的：上環－由威靈頓街石板街口以西起，至荷李活道與大道西交界處，即舊國家醫院止；中環－由威靈頓街石板街口以東，到美梨道球場止；下環－由海軍船塢盡頭處之軍器廠，即後來的軍器廠街，包括整個灣仔與黃泥涌一帶；西環－由大道西即國家醫院以西，俗稱西營盤，以迄堅尼地城，這就是四環的劃分。

九約，即將四區分為九個較少的區域，以便維持治安。第一約：由堅尼地城至石塘咀；第二約：由石塘咀至西營盤；第三約：西營盤全段；第四約：上環街市以西，包括南北行在內，至大道西荷李活道口止；第五約：由上環街市起至中環街市止；第六約：由中環街市以西，至大佛口軍器廠街止；第七約：由軍器廠街起至灣仔道止；第八約：由灣仔道起至鵝頸橋止；第九約：由鵝頸橋起至銅鑼灣止。

中央警署就是按照這樣分區來統領各區的警務，加上山頂這特殊地區，治安的維持就以五區為基礎，分成十約（山頂區自成一約），這就等於每一分區警署管轄兩段了。

1900 年時的華籍警察

當時的警察制服是綠色的，因此當時流行的童謠，有「ABCD，大頭綠衣，追賊唔倒吹啤啤！」之語。「大頭綠衣」就是指警察。當時華警戴的是清朝衙役的竹拆帽，這種帽子特別大。印警戴上傳統的頭巾，也顯得特別大，故有「大頭綠衣」之稱。至於褲子和靴襪都有分別：華警穿白襪布靴，印警長褲皮靴。初期警察的衣領上沒有編號章的，後來因為警察貪污及誣告無辜的案件日增，由法官建議每一警員必須將其編號釘於衣領上。後來這種編號章改為肩章。

雖然警察隊伍日益擴大，但治安仍是不如理想，維持治安之責，仍是由居民自己負起。當時各區街坊自設更練館，會聘請有經驗的看更人，負起維持本區治安之責。由於禁止華人夜行的緣故，在中環、上環兩區主要商業區都設有街閘，以防盜賊混入行劫及行竊。街閘之內，用更練巡夜，仍以打更報時作為巡夜的標誌。

四環更練館與更練組織

後來，因為各街坊的更練多了，變成每一區皆有四五處更練出現，而且各區的更費不一，引起了不少糾紛。於是由華人團體發起組織四環更練，統籌一切。

當局發覺這種更練制度，對治安維持確有一定的成績，但如果讓他們團結起來，就會造成一股相對性的力量，但不批准四環更練的成立，治安又難以維持。因此，便用統而籌之的辦法，成立一個所謂「團防局」的組織，由華民政務司任團防局主席，直接管轄團防局。團防局設值理 15 人，全由華人商家擔任，稱之為「團防局紳」。

團防局之下，設四環更練。當時上環更練館，設在太平山街。中環更練館設在荷李活道，西環更練館設在第三街，下環更練館設在灣仔石水渠街。

更練也分等級，分為練目、副練目、探目、偵探、一等練丁、二等練丁、三等練丁等七種。更練館內有自置的武器，由團防局主席登記在案，並向中央警署備案。

至於經費方面，規定由商店負擔，每間商店依照租單上的租值，每百元徵收七毫半。假定月租 200 元的，每月付出四環更練費為一元五角。

這是 1898 年以前四環更練的情形，之後有了「新界」及九龍的緣故，團防局這種民間維持治安的組織也擴展到九龍。在油麻地廣東道設立一間更練館，同時，更練費也由租值每百元抽七毫半，增至收費一元，稍後，又增至一元二毫五仙。

香港的治安，就是靠這樣維持著的。但很明顯，四環更練只是一種商團式的武裝，它的任務以維持商場治安為主，對廣大居民的生命財產，警察應有責任加以保障。然而警察在這方面，成績實在有限。

當局研究其原因，據說主要是貪污腐蝕了這維持治安的隊伍，而貪污之風像瘟疫似的傳染到警察內部的每一角落。據當局的研究，則是由於警察的「平均教育水平不高」所致。因此，當局一直在想辦法提高警察的質素，於是設立警察學堂。

接收德國會所辦警察學堂

1856 年以前的警察，差不多未經訓練，1857 年中央警署成立之後，才有訓練警員的課程，但那時訓練十分簡單。到了 1914 年，第一次歐戰爆發，英國正需要徵兵入伍，本港的英籍警員大部分需回英入伍，於是警察人力頓時減少了不少，故當局急於設法補充。

由於英德宣戰，德國成為敵國，在香港位於西營盤醫院與高街之間的德國會所，便成為敵產，當局接收德國會所，將原址改作「警察學堂」，自此香港便有警察學堂。

當時招募警員，在香港反應冷淡。有人歸咎於廣東人有「好仔不當兵」的傳統觀念。事實上不一定如此。因為當時警員的薪金太低，而且待遇又不好，三來警察風紀太壞，名聲不好，是以多不願應徵。後來，當局改向威海衛方面招募，招來了一批非廣東籍的學警，加入警察學堂訓練。

警察學堂曾三遷其址，最初在上述德國會所內。到 1937 年，遷到九龍彌敦道與太子道交界處。戰後才遷往黃竹坑現址。

治安費用 28 億，治安能否改善？

這樣零碎地談了本港有關治安的一些歷史，雖然只是一鱗半爪，但也可供關心治安問題的人參考了。最後，談談最近（按：1980 年代）財政司投入維持治安上的經費，以及目前警察的陣容吧。根據財政司的 1982 年至 1983 年財政預算，法律和治安費用是 28 億 5155 萬元，比去年增加 5 億元。此外，防衛費用也達到 19 億 4900 多萬元。

1982 年，各區警署及分局將增至 66 間。計開：港島方面，中區警署設有三個分局；北角警署設有四個分局；灣仔警署設有三個分局；西區警署亦設有分局。

九龍方面：九龍城警署設三個分局；觀塘警署設三個分局；旺角警署設一個分局；深水埗警署設兩個分局；黃大仙警署設三個分局；油麻地警署設兩個分局。

新界方面：邊境警署設六個分局；沙田警署設兩個分局；荃灣警署設一個分局；元朗警署設四個分局。

水警方面：海港警署設一個分局；設在陸上的水務警署有三個分局；指揮部設四個分局。

此外，廣設派出所設在新區及大廈住宅區內。維持法律和治安的費用已高達 28 億 5000 多萬元，雖然警署這麼多，但到底治安的情況是否有所好轉呢？

香港的貪污與反貪污史

從優待葛柏出獄談起

貪官葛柏（Peter Fitzroy Godber）出獄時那種盛況，有人形容為差不多與歡送一位有名望的高官離境一樣隆重。10 月 12 日的立法局會議上，鍾士元博士（1917-2018）曾加以質問，據解釋是為了防止混亂與危險。當葛柏離開香港之後，官方又說要追討他貪污得來的 400 萬財產，這一來又引起另一位議員的質問：既然還要追討他的贓款，為什麼又讓其離開香港呢？這位議員感慨地問，是不是因為他是英國人，才有此優待？

在葛柏之前，韓德（Ernest Hunt）出獄並未如此隆重，也未引起什麼混亂，出獄時且接受電視訪問。事實正說明兩人出獄時的安排絕不相同。但他們卻也有相同之處，就是他們都擁有數以百萬計的財產，又同樣到了西班牙享福去了。

當葛柏在西班牙享福時，當局一連發出兩張賞格，通緝兩名華籍貪官歸案，一張是通緝鄧秠的，一張是通緝曾啟榮（1916-2011）的，而且已宣佈凍結兩人的財產。

這一切都是串連發生的事。在香港歷史上很多像這類的事件，我們只要回顧一下過去的貪污和反貪污史，就會明白這是香港這個號稱「東方之珠」的常態。那些對於優待葛柏而驚訝的朋友們，只不過是沒有認真研究這方面的歷史而已。

韓德夫婦在其西班牙豪華別墅前合照

反貪污史説明貪污存在的原因

《韓德回憶錄》第一章開頭就這樣説：「我相信大部分的香港警察都貪污，『收規』是生活中的一環，就像早上起床晚上睡覺那樣的自然。」該書的中譯本「前文提要」也寫道：「韓德也提到搭巴士的故事，這和《百里渠爵士調查委員會第二次報告書》中所述的完全相同，那就是：『貪污像一輛巴士，你可以登上去，就變成了富翁；你可以跟著它的旁邊走，知道它的存在，但不告發它；或者你站在它的前面，就包保被輾得片片碎。』」

這些描述都是事實，並沒有醜化香港，因為這種情形已存在了百餘年，可以說，自香港開埠，貪污就已經存在。在 1841 年，英國法律對於公務員受賄貪污，並沒有嚴厲的法律條文規定處罰。換句話說：因為英國當時並沒有反貪污的法律，於是貪污就成為一艘遠洋的船，航行到香港來。

為了證明上述的說法，不妨先從反貪污史說起。馬沅編譯的《香港法例彙編》一書，有〈公務員瀆職受賄法制緣起〉一章，開首就這樣寫著：

> 初時英國法律對於政府公務員瀆職受賄，如未有專章規定刑罰者，得予以罰款處分或監禁而免除勞役。香港向來亦適用此項規定，此 1869 年以前之法制也。其後英國改訂公務員受賄處分法制，其未經專章規定者，則最重刑期為一年以下之監禁，或充苦役或免除苦役，悉視該案情勢定之。於是本港亦從而訂立 1869 年第二號刑事訴訟條例，並包括賄賂刑章。但該例未嘗規定授權法院判處犯罪人以徒刑，然歷來檔案記載，賄賂公行，苞苴暮夜，其事幾不勝書。

就是說，在 1869 年以前，本地如同英國一樣，對於貪官並沒有嚴予處分，最多只是罰款了事。其後英國訂了反貪污條例，處分也是很輕的，徒刑只在一年以下。香港在這個時候，仍是落後於人，僅在《刑事訴訟條例》內，立了些處罰貪官的條文，但又沒有授權給法院判處監禁的規定。貪污這怪物，就是在這種環境中在香港生了根。於是無數貪官，不斷地登上了舞台。

第一位大貪官威廉堅

根據法院的記錄以及歷史文件，有案可稽的第一位貪官，是今日堅道以其人之名命名的威廉堅。他在 1842 年出任香港首任裁判司，自此他已貪污受賄，但沒有人告發。到了 1846 年間，他已升任為香港的警察總監。他當時通過一個名叫盧亞景的中國人替他收規，除了收取賭館的黑錢之外，還向海盜收取巨款，作為不起訴的條件，另外又向商店勒索。總之，貪污手法無孔不入。由於盧亞景恃著後面有威廉堅撐腰，趾高氣揚，觸怒了幾個英商，英商便向法院告他一狀。關於威廉堅貪污一事，霜崖先生的《香江舊事》第 101 頁，有如下的敘述：

> ……據香港法院的檔案記錄，在 1847 年 6 月間，盧亞景的上司威廉堅被另一英國人控告，說他用人不當，利用他手下的這個盧亞景，向市場的中國商人和其他租戶勒索收規，同時更有「縱盜」和「誣良為盜」之嫌。當局接納了這控告，下令先組織調查委員會調查威廉堅被控告的那些罪名。自然，主要的證人乃是盧亞景。不料，這一切全是裝模作樣的，在正式要開庭調查之際，盧亞景忽然失蹤了，據說已經回到內地去。主要的證人既然失蹤，調查工作無法進行，只好宣佈威廉堅被控的罪名不成立。
>
> 威廉堅的罪名既然不成立，那個英國人當然有「誣告」嫌疑了。於是威廉堅就反過來告他一狀，使這人既

罰款又坐牢。此案既了，盧亞景忽然又出現。其中蛛絲馬跡，不問可知。

威廉堅的貪污不但沒有得到應得的懲罰，而且他後來還升任副總督，可見當時對於貪官，是如何的優待。

第二位大貪官高和爾

繼威廉堅之後的第二位大貪官，就是高和爾（D. R. Caldwell, 1816-1875）。他在 1847 年任副警司，1858 年升任為總登記官及撫華道。這位高和爾從任副警司開始，即貪污受賄，但他一直沒有被處分，到了 1858 年才被革職。

回顧高和爾在任副警司期間，也和威廉堅一樣，向商人勒索，包娼庇賭，亦向海盜索取報酬，影響司法公正。據法院檔案記錄，第一宗牽涉高和爾貪污的案件，就是杜亞寶一案，其次是黃墨洲一案。杜亞寶一案是這樣的：杜亞寶本來是海盜，於 1847 年 4 月被捕，同月有兩艘商船加路連號及亞美加號在尖帽灣遇劫，事後捕獲三人，但因無證據，高和爾便叫杜亞寶做警方證人，證明這三人是劫加路連號和亞美加號的海盜。杜亞寶於 4 月 19 日開釋，此後就做了高和爾的代表，向海盜勒索，在市面收規。

1849 年 10 月 5 日，杜亞寶到泊於西營盤海邊的一隻中式帆船去勒索，船主黃亞滿不肯付款，於是杜亞寶便通知高和爾，將黃亞滿拘捕，誣指他是海盜。黃亞滿這時才大驚失色，終於屈服，以白銀 45 元交給杜亞寶，高和爾便放了他。黃亞滿事後覺得損失太大，又向官方告發。可惜又因證據不足，杜亞寶最終無罪。

杜亞寶後來又再指船家沈亞熙為海盜，勒索 100 元。這一次因證據確鑿，高和爾無法保得住他。

到了 1857 年 7 月 20 日，則發生黃墨洲一案，這案件揭發了自杜亞寶之後，高和爾利用黃墨洲收規、接贓、包娼、庇賭等情事。原來，當時的警察總監查理斯．梅（Charles May, 1817-1879）接到線報，指黃墨洲私通海盜，而且又和太平天國在港購買軍火人士交易，於是派出大隊警察到黃墨洲的店內搜查，搜出一批糖，更驗明是賊贓。又在店中搜出一本記事簿，裏面有高和爾的各項賬目，這些賬目涉及各種生意，如妓院、賭館，以及賣出的貨物等等。同時詢問之下，又知道黃墨洲與高和爾結成拜把兄弟。

當時的輔政司必列者士（W. T. Bridges, 1820-1894）是高和爾的老友記，自然有意包庇這位貪官。對於查理斯．梅的指控，斥為排擠上官，企圖取其職位而代之。必列者士將那些簿冊賬目盡行燒毀，洗脫了黃墨洲和高和爾的關係。黃墨洲後來被判充軍到北婆羅洲。

第一位反貪污者安士迪

高和爾不但有輔政司必列者士為之袒護，就是當任總督寶靈（Sir John Bowring, 1792-1872）亦為他撐腰，所以這位貪官有如不倒翁。1858 年 5 月 20 日，總檢察官安士迪（Thomas Chisholm Anstey,

1816-1873）看不過眼，控告高和爾19條罪狀，據法院檔案所記，19條罪狀為：

1、玷辱官紳。高和爾被委為治安委員，殊不適合。2、自營娼業。妓院營業牌照第四十八號與高氏私人原有關係。3、包庇盜賊。高氏平日結交海盜，招納亡命。4、以妓作婦。高氏娶土娼為婦，使之居間以結交下流不肖之徒。5、包攬娼妓。包辦妓院及娼妓牌照。6、私通盜黨。高與盜倀黃墨洲採用華例結為異族兄弟。7、聽信讒言。高氏聽信黃氏讒言，使無罪者被捕，犯罪者獲釋。人民財產無辜而被沒收。賄通即獲無事。8、假借權威。黃墨洲憑藉高氏之威，魚肉華人。全港華人以高和

香港歷史上首位敢於彈劾大貪官的官員安士迪

爾之故，皆不敢告發，噤若寒蟬。9、為匪作保。黃墨洲勾通海盜，案發被捕，高和爾命其僕施啟君為黃具保出外候審。10、蒙蔽上官。關於黃墨洲一案文件證據，高和爾有蒙蔽行政委員會行為。11、合夥分肥。高和爾與黃墨洲合股經營運貨船一艘，有來往數目及分配利潤賬目簿冊為據。12、包庇犯婦。黃墨洲罪案成立，黃妻仍住於高和爾家中。13、勒釋海盜。在 1859 年當初，勒迫總檢察官（按即安士迪本人）開釋海盜多人，此幫海盜罪狀顯然，為警察總監梅，及高和爾所稔知。14、廣置私產。高和爾自去年（1857 年）12 月被委為發給娼妓牌照官後，宦囊豐滿，即在香港廣置物業。15、私營醜業。高和爾前曾一度經營私娼業，計共開妓院三家，均未向政府繳納牌照 。16、縱容戚屬。縱容他老婆的姊姊陳氏於 1856 至 1857 年專營醜業。17、濫取租金。高和爾購置妓院院址為私產，即政府地段第十一號之屋，勒收昂貴租金，至本年 5 月止。18、身為黑社會會員。高氏曾對警察總監梅稱，謂已加入某黑社會為會員。19、公行賄賂。高和爾嘗言，即使本人不受賄，其妻收受禮物，他亦不會阻止云。

從這 19 條罪狀可以刻劃出這位貪官的具體形象。高和爾娶了一位妓女為妻，他的妻子和妓女姊妹們開設私寨，並在私娼界方面大收黑錢。後來高和爾接任娼妓發牌官，更利用職權，勒收費用，否則不發牌。同時他又買了妓院的樓宇，猛向妓院加租，並

香港初期的高等法院，原址即皇后大道中的華人行。當年安士迪在該處向大貪官高和爾發炮攻擊。

和黑社會勾結，收取各種黑錢。他又和黑社會分子黃墨洲結義金蘭，黃墨洲成了他在黑社會中的代理人。從這 19 條罪狀上可以看到，高和爾比起葛柏、韓德，甚至那幾位被通緝的「五龍堂」人物，確是不遑多讓。

對於這位貪官，雖然由總檢察官檢控，但結果總檢察官安士迪卻被港督寶靈大罵一頓，又被輔政司必列者士指他尋瑕摘疵，製造謠言。安士迪大怒，直指他們朋比為奸。他見高和爾靠山如此之大，使往英倫告御狀。結果，像這位吃人不吐骨的大貪官，只是革職了事。這是歷史上第二位被優待的大貪官。

第一位被判坐牢的洋貪官

關於貪官包庇賭館，在香港早期的法院檔案中，多如恆河沙數。這些檔案，可以反映出貪污像傳染病一樣流行的原因。如 1856 年 8 月 25 日洋警官蘭度夫（Randoph）一案。該案起源於當時蘭度夫出外掃蕩賭檔，拘捕了賭徒及賭檔主持人等返警署。他公然向他們索取款項，每人收受十元五元不等，只要有錢給他，就立即釋放。這件事又為上述的總檢察官安士迪所知，於是檢控蘭度夫受賄，私自釋放賭案人犯，控於高等法院。

蘭度夫在法院作供，他說：這種情形是歷年以來的習慣，向來凡拘捕賭犯，賭犯如能給當值辦案警官十元或五元賄款即可獲釋，因為賭案只屬輕微罪案，為了節省時間，大都採用此種辦法，行之既久，沒有一位警官覺得這是不法行為。主審此案的正按察司曉吾（J. W. Hulme）認為這種不良的習慣今後必須制止，遂判處蘭度夫徒刑 12 月，這是第一位因貪污而入獄的洋警官。

有代表性的貪污案件，還有 1850 年執法官何爾科（C. G. Holdforth）一案。及 1856 年執法官米治爾（W. H. Mitchell）一案。這兩位執法官雖因貪污而被控訴，但卻能逍遙法外。何爾科且挾著豐厚的財產赴美國加利福尼亞享福去。

何爾科一案，於 1850 年 4 月 5 日在高院開審。而米治爾一案，則於 1856 年 6 月 25 日在高院開審。兩案相距六年，看似不相干，實則是互為因果。考何爾科係於 1846 年 2 月在港任副執法官。當時米治爾在一份名叫《香港紀錄報》（*Hong Kong Register*）中任編輯。二人都是澳洲人，因此十分老友。1847 年 3 月 1 日，正執法官辭職，何爾科被任為正執法官兼副裁判司。到了 1850 年 4 月 1 日，何爾科因貪污被查，提前退休，舉米治爾接任，他自己宦囊豐滿，立即到美國去。而米治爾接任後，因深得何爾科任內貪污的秘訣，做了六年執法官，也荷包腫脹，又是被總檢察官安士迪檢控。不過米治爾沒有罪，他還反控安士迪誹謗罪。

關於這兩人的貪污事蹟，霜崖的《香江舊事》第 103 頁亦有記載，他將何爾科譯為荷爾法斯，米治爾譯為米歇爾。同時把米治爾的事，和何爾科的事混為一談。何爾科係因串謀拍賣官以 300 元買得一艘商船而被揭發他的貪污行跡，他也正因這案而提前退休，至於米治爾是因為勒索囚犯而被檢舉。但霜崖先生有一段話仍有參考價值：

> 執法官就是今日的典獄官和監獄官。在早年香港，只有一座域多利亞監獄，管理這座監獄的執法官荷爾法斯，和他的繼任者米歇爾，兩人都是早年本港營私舞弊、貪污索賄著名的人物。

在香港反貪污史上，安士迪是第一位敢於站在貪污這輛巴士面前的人，在十九世紀五十年代，幾乎只有他一人敢於檢舉貪污。但是，他卻因而和滿朝文武不和，最後也逃不了被迫返祖家去的命運。

英國人對安士迪褒貶不一，但照安德葛（G. B. Endacott, 1901-1971）在他的《早期香港名人見聞錄》（*A Biographical Sketch-book of Early Hong Kong*）一書中，對安士迪則備極讚揚。該書是唯一有安士迪照片的書，本文附圖安士迪像，即取材該書的插頁。

反貪污法始於 1898 年

香港的貪污，完全是由於反貪污不從社會產生貪污的根源而反，故而造成貪污無孔不入。回顧香港反貪污史，可以看出貪污越反越多，而每次反貪污都是由於貪污由枱底鑽到枱面。反它一下，貪污便鑽進枱底下去；但不久，它又從枱底鑽到枱面，於是又反它一下，兩者就是如此循環不息地上下交替。

香港正式有反貪污的法例，始於 1898 年 2 月 28 日，當時港府公佈第三號法例，後改為第一號法例，名為《賄賂輕刑治罪條例》。該例第三條規定受賄的貪官，得處二年以下有期徒刑，兼科罰 500 元以下的罰款。而第四條，則是對行賄的小市民的罰則，也是得處二年以下徒刑及罰款 500 元以下。這是本港首次把貪污行為當作共同犯處理，即送錢給貪官與貪官同罪。

1898 年的《賄賂輕刑治罪條例》，也是由於貪污成為公開化而迫出來的。事緣 1897 年 6 月 21 日，有線人鄭安因向賭館勒索不遂，後向新任警務處長軒利・梅（F. H. May, 1860-1922）告密，說出上環由荷李活道、大道中水坑口、東街、西街、華里、四方街、大笪地口一帶，共有公開賭館幾十家之多。當時正值維多利亞女皇即位 60 週年，即所謂鑽禧大典，香港的高級洋警官往英倫參加英聯邦警察會操，因此軒利・梅到上述各街道去掃蕩，賭館方面事前毫不知情，於是一網打盡。軒利・梅在總機關處搜出名冊，上面開列各警官每日所收規銀數目，又搜獲一批來自賭徒向賭館抵押金銀珠寶，事後檢出大部分都是報失的賊贓。這件賭案的背後，原來就有一樁集體大貪污案。根據名冊，著名的英籍幫辦屈治爾（Job Witchell）、碧架（Baker）、坤士（Quincey）、士丹頓（Stanton）及英警目何爾特（Holt）、費爾士（Phelps）均有收取賄款。總登記官署理書記柯士孟（Charles Osmund）、潔淨局幫辦何雅（Horc）及印、華警員百餘人均每日收取賄款，這件案轟動整個香港，上述這百餘大小貪官，一律停職處分。

由於這件貪污案的表面化和公開化，當局才於是年 12 月 20 日立法反貪污，於翌年 2 月 28 日三讀通過頒行。

這條《賄賂輕刑治罪條例》就成了香港反貪污法例的母體，以後迭經修改，每次修改都是由於貪污從秘密交易到公開化才引起的，一直到《百里渠爵士調查報告》，廉政公署的成立，以及1974年的《防止賄賂（修訂）條例》等，無一不如此。歷史告訴我們，貪污在過去一直默許存在，只要它不是集體化和公開化，就算沒有貪污了。

香港稅收史話

香港早年稱為「無稅港」

早年香港自稱為無稅港。1841 年 2 月 1 日，即鴉片戰爭時期，義律根據與清廷直隸總督琦善（1786-1854）私訂的《穿鼻草約》佔領香港後，他曾在香港發出一張中文告示，表明「凡屬華商及華人船舶來港貿易，俱免繳納任何費用賦稅」。這張告示為香港當局第一張中文告示，亦即「無稅港」的證明文件。

自此，香港逐漸取代了澳門的地位。因為自十七世紀以來，澳門是中西貿易的著名商港。澳門設有中國的關部行台，主持一切稅收，而香港突以無稅港的姿態出現，自然吸引了正在澳門經商的中外商人轉到香港來。於是香港漸漸熱鬧起來，成為一個商港了。

早年的香港當真是無稅港麼？也許人們會懷疑，認為香港當時需要大量的建設，除了稅收，它怎能維持那些龐大的建設計劃？他們提出這些問題是合理的。正如前任財政司夏鼎基（Sir Charles Philip Haddon-Cave, 1925-1999）所提出的一樣：政府要實行十年房屋計劃，於是就有所謂「不得不」預繳利得稅及廣開稅源了。至於為什麼不動用香港放在倫敦的龐大儲備金呢？這是另一個問題了，不在本文範圍內。

當年發展香港的「經費」，是由鴉片戰爭清廷的賠款撥出來的。根據不平等的《南京條約》所載，英國從清廷處掠得賠款 2100 萬銀元。以當時的物價計算，2100 萬銀元是一個非常龐大的數目。

罰款列入財政預算

香港當時標榜「無稅港」以吸引各地商人前來。其實，所謂「無稅」，只是名義上沒有，實質上還有很多變相的「稅收」。這些稅收的來源主要有兩方面，其一是罰款，其二是賣地。

罰款是香港最具歷史性的稅收來源。我們試翻開歷年以來財政司所作的財政預算案，可以看到預算案中必有〈罰款及充公〉這一個項目。這說明罰款與充公，是香港歷史性的財政來源。本來，依法理講，罰款是不能列入預算之內的。罰款是由於民眾犯罪而被判處的罰則，財政預算居然列入罰款，這等於預算每年最少都需要那麼多人犯法，而又需要罰犯法者以符合這種財政預算的數目。寧非怪事？然而，大家見怪不怪，年年如是，這變成了一種應有的項目了。

罰款和賣地是香港早期的稅收來源，我們可從各種歷史文件中得到證據。先說罰款。1841 年 4 月 20 日，義律在香港委任陸軍將官威廉堅（按：今日港島半山區堅道即以其名命名）為香港域多利亞裁判司。委任狀明定其職權如下：裁判司有維護港島與所屬海港治安及保衛治下人民生命財產之責。治理中國人民得適用中國法律風俗習慣。（惟須廢除刑訊）凡華人犯法，所受處分逾下開程度者應申請上憲判斷，毋得枉刑。計開：甲：監禁逾三月不論應否兼作勞役；乙：罰款逾 400 元者；丙：笞刑逾百籐者；丁：死刑者。

當時香港並未有立法機關，亦無法院，一切法律裁判，名目上是華人根據中國法律辦理，西人依英國法律辦理。但從上述義律委任威廉堅為首任香港裁判司的命令中，已明顯地列出罰款不超過 400 元的限額。超過 400 元的，應由義律批准。可見，罰款從義律踏進這個小島時即已被考慮為一種正常的刑罰，亦即正常的收入了。

說到對罰款的重視，也可從 1843 年 4 月 25 日，維多利亞女皇交予砵典乍統理香港事務的授命狀獲得見證。該授命狀全文約 400 字，其中提及總督有權「得豁免不逾五十鎊之罰金，如逾此額仍得請命英廷核辦」一項。

這張授命狀在英人眼中，差不多等同香港的「憲法」，因為港督的職權，以至香港的政治制度，都是根據這張授命狀確定下來的。我們可以從中對於罰款一則所處的位置，看出罰款的重要性。授命狀在總督有權處分治下土地，委任按察司及治安委員之後，就是「得豁免不逾五十磅之罰金」。而且特別強調如果豁免太多的話，要請命於英國，罰款所處的位置，先於任免屬下官吏，先於赦免刑罰及減刑。

由此可見，罰款是早年的主要稅收來源，由此而相沿成習，於是以後就視罰款為正常的稅收。也因此後來所有法律，無不有罰款的規定，漸漸衍生出近期各種形式的定額罰款，這都是早期稅收依靠罰款的濫觴。

地稅徵收始於 1841 年

除了罰款，就是土地的收入。當時，這個無稅港唯一稱之為「稅」的，只有地稅一種，而地稅所收有限，賣地所得的最為可觀。該張授命狀賦予港督有處理土地的全權，但地稅與拍賣官地，早在 1841 年義律時期已經開始。

根據香港法院檔案現存的資料，我們知道第一次拍賣土地及收取地稅，是在 1841 年 6 月開始。當時香港主要依靠在澳門經商的中外商人到來投資，其中最主要的是鴉片販子。故此，義律第一次拍賣香港土地的通告，是在澳門發表的。大意是說：香港有官地 100 號開投，各地段面積大小不一，由第 1 號至 100 號，編號註明地段面積及規定建築物業最低費用。至於地價，則公開拍賣，由價高者得。至於管業期限，年納地稅若干，暫時照英國法律辦理。但一切土地仍保留官有權，拍賣日期迄於 1841 年 6 月 12 日。

當時拍賣土地，反應非常冷淡，6 月 12 日拍賣時，竟然沒有人叫價。於是改期 6 月 14 日再行拍賣。但官方諱言改期的原因，反說因地段 100 號太多，整理需時，故改期拍賣。

6 月 14 日那天，只售出第 50 號有海權的地段一幅。其後再過幾天再開投，也僅售出第 1 號、第 11 號和第 15 號地段而已。

當時拍賣土地的辦法，規定每號地段底價為十餘鎊，每次加價十先令，規定以每一銀元值四先令四便士伸算，又規定每一地段的建築費不得少於 1000 鎊。如果六個月後仍未動工建築物業，則沒收充公。

查當日賣出的土地，面積最大的是第 11 號地段，共 1 萬 1200 平方呎，以 52 鎊成交。最貴的一幅是第 1 號地段，佔地 6700 平方呎，售價 80 鎊。又第 15 號地段售價 21 鎊。

至於地稅，當時規定城市地段四分一英畝面積的，每年地稅

20 鎊，郊外地段每年五鎊。當時所指的城市是所謂維多利亞城，即現在上環、中環地區。除此之外，便當作是郊外計算。

1845 年開始徵收差餉

罰款與地稅及賣地所得，以及鴉片戰爭時的 2000 多萬銀元的賠款，支持著這個城市的開支，使它從 1841 年至 1844 年這幾年間，成為「無稅港」。但是，自 1844 年下半年開始，各項稅收已逐漸增加了。

原來，照不平等的《南京條約》第七條規定賠款辦法，到 1845 年就付清，為了未雨綢繆，以便應付財政上的開支，便於 1844 年訂立了很多稅收的法例，無稅港過渡到多稅港，應該從 1844 年開始。

1844 年訂下的《土地登記條例》規定了地稅，以及強迫本島原住居民繳納地稅及登記土地費用。同年又訂立《公眾沽飲肆及售酒領照營業條例》，開始徵收酒牌稅及酒樓茶室的牌照費。另外又訂了《售鹽鴉片當押業拍賣商營業牌照稅條例》，向煙館、鹽商、當舖、拍賣行抽稅了。

到了 1845 年，開始徵收差餉。是年初，政府頒佈第二號法例，名為《徵收警捐條例》。當時的「警捐」(就是今日的差餉)，但徵收的形式略有不同，當時是向商店徵收的，並非以物業作徵收單位。同時，又宣佈了第 3 號《煙販牌照條例》，向賣鴉片及煙絲的煙販抽稅。

1844 年下半年至 1848 年間，是戴維斯繼砵典乍任港督的時候。上述這許多稅例，都是戴維斯手訂的，其中值得一提的，是他竟然異想天開地要在香港徵收人頭稅。

根據《香港法例彙編》1846 年第 18 號法例所載，該例名為《人口登記及調查戶口條例》，這條法例就是戴維斯以人口登記為名，而徵收「人頭稅」為實的傑作。

戴維斯抽人頭稅引起大罷市

原來，戴維斯所手訂的這條條例，內容主要規定全港居民，不分中外人士，每人每年必須到政府指定的機關，舉行一次登記，每次登記收費二元至五元。登記限期過後，即舉行戶口調查，如果發現戶口裏有未依例登記的人口，即加重罰。

這次人口登記曾掀起一場風暴。首先攻擊這是「人頭稅」的是西報記者，繼而是外國商人。他們指出這種人口登記，等於「人頭稅」，而「人頭稅」是英國稅收所無的，又指出這種只有義務而沒有權利的徵稅原則，違背了英國稅收傳統。因此，西商立即集會反對。他們成立了居民大會，起草了一封措辭嚴厲的呈文，遞交予戴維斯，以致戴維斯惱羞成怒，把呈文退回。英國商人因此轉向倫敦「告御狀」，連鴉片販子也宣佈，若再堅持徵收人頭稅的話，他們將自香港撤退，回到澳門去繼續經營。

戴維斯的本意以為外商反對徵收人頭稅，可以把條例修改一下，主要的對象仍是中國人，因為華人佔本港居民百分之九十幾，只要華人不反對，稅款就可源源而來了。

但是戴維斯打錯了算盤，這一次竟觸發了香港有史以來的第一次大罷市。

原來，當時不知是哪位師爺把「人口登記及戶口調查」的條文，在譯成中文時，竟把每人每年登記一次繳費二至五元譯成每人每月登記一次，於是華人更加憤怒了。於是立即發動罷工罷市來抗議。

當時的西報這樣描述罷工罷市的情形：

> 於是，香港的一切中國商人的業務，工匠、以及中國傭員僕役的工作，全停頓了。他們並準備如果這種新法例一旦付諸實行，他們便撤退離港。

這是香港第一次罷市罷工，抗議無理徵收人頭稅。罷工罷市堅持了三個多月，直到戴維斯同意不再執行所謂《人口登記及戶口調查條例》，才告結束。

戴維斯雖然不敢徵收人頭稅，但 1847 年仍有新的稅收項目，那是向市場販物的小販抽稅。1847 年元旦剛過，他公佈了第一號《市場販物牌照條例》，這是小販要納牌費的開始。

般含賣地開 999 年期先例

1848 年 5 月 30 日，戴維斯任滿回國，調來了第三位港督般含

（Sir Samuel George Bonham, 1803-1863）。經過戴維斯任內的一次罷工罷市抗議苛稅，般含的作風已有大大的不同。在他任內並無新稅增加，不過賣地的收入仍是非常可觀的。

原來當時的港督，是兼任英國駐華大使銜的。般含當時的主要任務，是替英國解決廣州入城問題。因為鴉片戰爭後，英國雖強開了五通商口岸，但卻沒法入廣州城半步，英國商人和官兵仍在城外居住。那是由於廣州人民團結一致抗拒的結果。英國人認為雖然打敗了滿清政府，訂了許多條不平等條約，但始終不能入廣州城，可謂不光彩，因此，般含的任務便以打開廣州入城問題為主，在香港並無提出什麼新稅。

但賣地卻是空前的旺盛。因為般含看出華人對於官地的拍賣並不熱衷，考其原因，是年期太短，般含於是向英國建議，效法新加坡當時的土地政策，把年期延長至 999 年期，有了這「999」年期的號召，土地便大量以高價沽出，收入十分可觀。

自般含以後，每任港督都差不多有新增稅收的項目，如 1854 年有《加增警捐條例》加收差餉，1855 年《本港船舶註冊條例》，1856 年第 10 號《購買地產條例》徵收地產買賣稅，第 14 號《徵收費用及訟費條例》，使法庭增加收入。

豬仔館合法化

1857 年因當時香港設立了很多「豬仔館」，專營販運華工往南洋、南美、美國及加拿大等地，於是又乘機收稅，該年的第 11 號

1846 年的皇后大道（向西望去）

《販運工人出洋牌照條例》，一面使「豬仔館」合法化，一面增加稅收。

稅源不斷增加，真箇是罄竹難書。這裏只能扼要地把幾種稅收項目列出，例如收商船航行稅始於 1860 年，是年頒佈第 10 號《徵收商航稅費條例》，車牌費始於 1863 年，是年第 6 號《車馬轎管理條例》，是車牌費的首次徵收。1865 年第 1 號《公司條例》，及 1866 年第 2 號的《公司（登記）條例》都是向有限公司徵收稅款之始。至於印花稅則始於 1866 年第 12 號《印花條例》頒佈之後。

財政預算始自 1858 年

香港有「財政預算」，是在 1858 年開始的。一年一度，由財政司提出明年的財政預算，以及審核當年財政決算，都是始於 1858 年。有了財政預算，於是這個宣讀財政預算案的日子，便成為本港市民關注的日子，因為加稅的措施，常常是在這個時刻宣佈的。

自 1858 年有財政預算之後，年年有盈餘，下面是 1858 年至 1867 年十年內的預算與盈餘的數字：

年份	明年政費預算	本年決算盈餘
1858	7 萬 6000 鎊	2 萬 5000 鎊
1859	9 萬鎊	4000 鎊
1860	6 萬 6100 鎊	4044 鎊
1861	6 萬 8100 鎊	1 萬 2014 鎊
1862	45 萬 5400 元	14 萬 9000 元
1863	47 萬 7000 元	15 萬 2000 元
1864	61 萬 3000 元	25 萬元
1865	74 萬 5000 元	26 萬 5000 元
1866	82 萬 9000 元	12 萬 5000 元
1867	89 萬 5000 元	13 萬 5000 元

從上表可以看到，1861 年以前整個財政制度，從稅收到政費的支出，都是以英鎊為計算單位。1862 年及以後才改為以港元為單位，因為 1862 年港元的制度才真正確立。

薪俸稅利得稅查係戰爭稅

百年前每年盈餘十多二十萬元，這些錢若果真正存起來作為儲備，香港將是世界上最富有的城市哩！

要把香港的稅收史逐條逐項的源流寫出來，非寫上百萬言不可，恐怕沒有這麼多的篇幅刊載，為了節省篇幅起見，最後，只能就最近為香港居民所關心的預徵利得稅及預繳薪俸稅談一談。

在香港的稅史來說，利得稅和薪俸稅都是屬於「戰爭稅」的一種，絕對不是和平時期的稅收項目。

利得稅和薪俸稅，總稱為「所得稅」，因為抽稅的原則是直接向所得者抽稅，故此又稱「直接稅」。這種稅收曾經在第一次世界大戰時，在軒利．梅總督任內被提出來的。因當時英軍在進行歐洲大戰，弄至民窮財盡，曾向香港打主意，要求香港廣開稅源，支持英軍打仗。當時稅源委員會便建議仿照錫蘭所行的抽所得稅的辦法，將稅款支持英軍作為戰費，故稱「戰稅」。

但是，當時全港上下一致反對這種「戰稅」，因為原則上港人沒有支持英國對外作戰的義務，同時，「戰稅」所包括的稅收項目很廣，除薪俸稅和營業利得稅之外，還有房屋地產稅。這些稅項都是以前沒有的。當時，以中華總商會為首，聯合各界去反對這種稅制。

在各界全力反對之下，港府不敢強行實施，只好在港發行「戰爭公債」，作為對英國的支持。

直到第二次世界大戰前夕，由於大量英軍調動來港，需要支出龐大的軍費，因此，「戰稅」的措施又再出現。1940 年通過了第

21 號《戰稅條例》，最後又通過了第 29 號的《戰稅（第二號）條例》，把 1916 年被反對過的徵收薪俸稅和利得稅予以施行。

當年的《戰稅條例》共分 11 章，條文共 61 條，第一章照例是名詞解釋，以及戰稅徵抽機關組織等，第二章是關於產業稅的計算方法，第三章及第四章詳述關於薪俸及報酬及營業溢利所得的計算。第五章至第八章，詳述申報手續、上訴程序及稅款繳納；第九章至第十一章，是關於退稅手續及違例罰款。

第一次徵收戰稅日期，始於 1940 年 4 月 1 日。但稅額的計算，則以上年即 1939 年 4 月 1 日至 1940 年 3 月 31 日止之收入所得總額為納稅標準。

戰後將戰稅改為地方稅

當年的利得稅稅率，如屬私人經營的事業，每年純利不足 1 萬元，則免予課稅，超過 1 萬元、在 10 萬元以下，則課稅百分之五，10 萬元以上，課百分之十，有限公司規定課百分之十。

薪俸報酬所得稅，如薪金報酬全年不足 4800 元，可准免稅。至於被減除的免稅額，獨身者，每年 3000 元；有妻室者，丈夫 3000 元，妻室 2000 元，子女每人 1000 元，計至四個子女為止，即免稅額計至 9000 元為止。每年薪俸所得，除免稅額之後，最先 5000 元課稅百分之四，超過 5000 元，則課百分之十。

戰稅只抽了兩年，到 1941 年 12 月，因港島的淪陷，便不能再抽了。

戰後的 1947 年，這種屬於戰稅的薪俸稅及利得稅，竟以地方稅的形式，強加於居民身上。1947 年 5 月 3 日公佈施行的《地方稅條例》，把全部屬於戰稅的東西搬了出來。以後，每隔若干年便修正一次，修正的是稅率和免稅額，但免稅額卻永遠追不上物價。

例如最近修正過的免稅額為丈夫 2 萬 8000 元，妻子 2 萬 8000 元，這個數目比 1940 年戰稅中的 3000 元免稅額，只不過是七倍多一些。然而當下的物價，比 1940 年用仙士時代，何止升了十倍呢？

末了，將歷任港督任內有關稅事概要列後，供讀者參考：

1841 年至 1980 年香港歷任總督任內稅事摘要		
名稱	**年份**	**項目**
砵典乍	1841	地稅、酒牌、當押、拍賣
戴維斯	1844	差餉、煙販、小販牌
般含	1848	加徵警捐（差餉）
寶靈	1854	船舶、訟費、豬仔館
羅便臣	1859	將稅餉擴至九龍半島、車牌
麥當奴	1866	印花、大開賭禁收賭餉
堅尼地	1872	發行一元港幣、提高捐稅
軒尼詩	1877	公司登記、內河船牌
寶雲	1883	山頂纜車專利稅
德輔	1887	填海賣地、差餉加入水費
威廉羅便臣	1891	電燈公司專利稅（鼠疫蕭條）
卜力	1898	將稅項擴至新界、電車專利
彌敦	1904	發行九廣路公債、安裝水錶

盧押	1907	九廣鐵路通車、修正印花稅
梅軒・利	1912	擬徵戰稅、車輛道路交通罰則
史塔士	1919	修正遺產、煙草等稅、海員罷工
金文泰	1925	電話專利、省港大罷工
貝路	1930	娛樂稅、競博稅、正式收水費
郝德傑	1935	發行一元庫券、海沙專賣
羅富國	1937	提議徵國防捐、發行公債
楊慕琦	1941	戰稅、香港淪陷
葛量洪	1947	將薪俸利得稅列入地方稅
柏立基	1958	取消化妝品成藥稅、提高汽油等稅
戴麟趾	1964	加印花稅及煙草稅、銀行擠兌
麥理浩	1971	加股票徵價稅、差餉、車牌等

百年來香港幣制沿革

1975 年 8 月間，香港發行兩種新硬幣。新硬幣為二元和二角，形式和以前發行的硬幣不同。香港的硬幣向來採用圓邊，而這次是採用齒輪邊。

本港鑄造業並不落後，為什麼鑄造硬幣要特意向英國訂製？其中是否有內幕？是的。100 年前，本港曾經開設過一所造幣廠，但因「殊不化算」，結果要將機器拍賣，而將鑄造硬幣的工作交給英國鑄造。至於為什麼會「不化算」，那就得從頭說起。

自 1841 年英國人來到香港之初，本港貨幣完全不統一。當時在香港流通的貨幣，主要是中國的銅錢、銀錠，墨西哥的銀元，西班牙的銀元，印度的銀幣等等。然而，實際上流通的貨幣單位仍然以銀元為主，即一元以紋銀七錢二分為計算單位，換句話說，幣制仍然沿用中國當時的幣制。

但是，義律作為英籍的商務總監，不能在公事上使用別國的貨幣。因此，他首先宣佈香港仍以英鎊為貨幣單位，但英鎊當時實際上流通量極少。他雖宣佈香港以英鎊為通貨，卻不得不承認流通的貨幣不是英鎊，於是他制訂了一套以英鎊計算的兑換標準。

1841 年首次宣佈英鎊兑換率

義律在 1841 年 5 月 1 日，第一次宣佈拍賣香港土地的章程中，便訂明拍賣土地以英鎊為單位，每次叫價最少為十司令。在那告示上，規定英鎊與銀元的比率。即是說：儘管叫價為英鎊，但可以用銀元繳交地價。當時的比率是：每一銀元值四司令四便士。即等於七錢二分的白銀，兑四司令四便士。相當於三両三錢二分三厘白銀兑一英鎊。這是最早期的兑換率。

按照義律的原意，以為一俟局勢稍定之後，可以從英國運來大批英鎊、司令、便士等作為流通貨幣使用。但後來才知道這辦法行不通，因為鑄造貨幣需要時間和資本，而且當時交通並不像現時的進步，運輸困難。是以到了 1842 年 3 月 29 日，繼義律來港的砵典乍索性公佈香港流通貨幣種類，包括英國金銀幣、中國白銀及銅錢、西班牙墨西哥銀元和印度勞啤銀幣。所有公私交易，均可用已公佈的貨幣為交易媒介。

但是，砵典乍公佈的背後，忽略了商場實際情況。他不知道民間行使上述各種貨幣時，並非以元為單位，民間仍沿用中國的両錢分厘為計算單位，因此，上述各種銀幣常常被割裂為小塊的碎銀，如一枚墨西哥銀元，常被分切為四至五片。

承認銀元割裂及銀屑為通行貨幣

因此，對於割裂的銀元，又不能不宣佈承認它的價值。到了 1845 年，這些「碎銀」充斥市面，繼砵典乍接任港督的戴維斯，不能不承認這事實，便由當任輔政司布魯士（F. W. A. Bruce, 1814-1867），於 5 月 1 日，發出佈告如下：

（1）下開硬幣為法定通用貨幣。西班牙及墨西哥銀元及其破碎銀屑，印度勞啤及其破碎銀屑，中國通用銅錢即貫錢。

（2）所有上開不論價值低昂，或屬於任何種類，或是否完整，或已打印，如各有同等質量，即具同等通用之效能。

（3）規定每銀元等於二勞啤又四分之一。

（4）規定每銀元等於銅錢 1200 枚，每半元等於銅錢 600 枚，每勞啤等於銅錢 533 枚，每半勞啤等於 266 枚，每四分一勞啤等於銅錢 133 枚。

（5）其他貨幣未列入上項規定之內者，俱不能作為在本港合法通用貨幣，但得在市面找換之。

（6）第四款規定之銅錢，得向商務總監公署或香港庫務司署領換，惟不得逾 50 元。

再者：關於本港幣制事宜，原無特制條例規定之必要，凡屬英國通用貨幣，不論為紙幣或硬幣，一律認為本港合法通用貨幣。

這是有關香港幣制史的第三件文件，值得注意的是關於紙幣的字句，即確定了英國紙幣流通的合法地位，以便日後採用紙幣來代替銀幣。

根據以上的三件有關香港幣制的歷史文件，「港元」兩字完全未見提及，然則港元是什麼時候才確定下來的呢？

原來，自 1841 年開始，至 1861 年止這 21 年當中，官方所作的一切收支預算，全部以英鎊為計算單位。而實際上，收支都以各種銀幣為單位，這樣計算引起不少麻煩，故自 1862 年開始，當任總督羅便臣（Sir William Robinson, 1836-1912）訓令財政司在提出預算案時，以港元為計算單位，決算亦以港元計算，而盈餘則運回英國去購買英鎊作為儲備。「港元」這名字，便首次出現於官方文件中。

1863 年首次發行香港硬幣

這時，羅便臣既訓令財政司在一切政府收支上以元計算，便應有香港自己的流通貨幣，因此他向英國鑄造了三種硬幣，一種為一仙的銅幣，一種為一毫的銀幣，以及一種為千分之一元的錢幣。這三種硬幣，首先運抵本港流通的，是「香港一仙」的銅幣。

當時由於中國內地制錢缺乏，香港市面平日流通的也是制錢，庫務司是供應制錢給市民的地方，因制錢不足，便想辦法應付，故此先行製造銅元，以應急需。銅元一枚，當錢十枚，有了銅元，便解決制錢不足的困難了。

1863 年的香港一仙的銅元，正面是維多利亞女皇像，皇冠上左右各有 14 顆明珠，正中有三顆，設計得十分精細。背面正中有中文「香港一仙」字樣，上有英文 HONG KONG，下為 ONE CENT 1863。

稍後便運來了香港的銅錢。這種銅錢比中國流通的銅錢為小，正中亦有錢孔。正面上方為英文 HONG KONG，正中印一皇冠，下為 ONE MIL 及維多利亞女皇的簡寫 VR 字樣，背面則有「香港一千」中文字。這「一千」當是千分之一元之意，即銅錢一文。

之後，一毫的銀幣亦抵港發行。這是重七分二厘的銀幣，正面是維多利亞女皇像，皇冠上共有 21 顆明珠，維多利亞女皇的英文名字分左右排列。背面正中為「香港壹毫」中文字樣，上為 HONG KONG，下為 TEN CENTS 1863 字樣。

設造幣廠鑄造正式「港元」

硬幣有了仙、毫，但還未有元。元要到 1866 年才正式面世。查 1864 年，立法局通過了「香港造幣廠」法案，決定在香港設立鑄造銀幣的工廠，廠址定在銅鑼灣，開辦費為 40 萬元，常年經費定為 7 萬元。由 1864 年興建及訂購機器，於 1866 年 5 月 7 日開幕。

當時香港的銀元，並不由政府獨立發行，民間也可以拿銀條到造幣廠鑄造銀元。為了便於說明當時的情形，手頭上有 1866 年當任輔政司馬沙有關香港造幣廠的中文告示，原件抄錄於後：

> 輔政司馬沙為布告事。照得香港造幣廠，現定於 5 月 7 日開幕，茲將去年 12 月 20 日總督麥當奴會同行政委員會委員關於此事之議決案公佈執行之事項，計開：(一) 香港造幣廠定 5 月 7 日上午 11 時開幕。(二) 免費代鑄英國通用銀元以一個月為限，如有舊銀元、銀錠、銀條、

「香港一仙」銅元

「香港一千」銅錢

「香港一毫」銀幣

銀屑，均可收受代鎔代鑄新幣。(三）如屬銀元，須先鎔成條錠者，則徵收費用佔所值十分之一。(四）如交來代鑄之舊銀元，其銀質比英國通用銀元為低者，則徵收費用按所值十分一，所餘之雜金屬退還原主。(五）代鑄是不得少過 5000 安士。(六）如欲免費代鑄新幣，仰將鎔鑄品自行送至東區銅鑼灣香港造幣廠，逕晤廠長乾打氏先行接洽可也。此布。英國 1866 年 4 月 20 日示。

從這佈告可知造幣廠長名乾打氏，同時亦知市民可將銀條交該廠代鑄銀元，而可免費。由此可見，當時設造幣廠旨在統一香港的幣制，希望市面單獨流通港元。而一切稅項，亦可以指定以港元繳交。因此，原則上，當年的港元並非由香港政府發行，因為人人可經造幣廠鑄造。

首批港元設計古色古香

1866 年 6 月，第一批香港銀元面世了。這批香港銀元有一元、半元、一毫、五仙等品種，全部都是銀幣。

先介紹香港一元的銀幣。銀幣直徑約為一英吋半，正面為維多利亞女皇像，上邊刻 VICTORIA，下邊為 QUEEN，兩英文字左右均有雲紋圖案。背面則古色古香，正中為一中國古壽字，壽字上下左右各有豬鼻雲圖案，中嵌「香港壹圓」中文字。

香港半元銀幣，圖案與香港一元銀幣完全相同，只是重量比一元輕了一半，為三錢六分重，直徑亦略小，與現時流通的一元硬幣相差不遠。

香港一毫的圖案與 1863 年所發行的一樣，不必細表。香港五仙，即俗稱「斗零」的銀幣，亦與香港一毫的銀幣圖案相同，只是重量減輕一半。

港元的面世，才確定了本港的幣制單位為「元」。它在官方的文書中，當時仍稱為「英國通用銀幣」。實際上，只是本地通用銀幣，在英國並不直接通用，仍須改換司令或鎊才能行使。

造幣廠非因虧蝕而結業

香港造幣廠於 1866 年 5 月 7 日上午 11 時開幕，但經營只不過年餘，即宣佈停辦，於 1868 年 1 月 1 日結束。然後將廠房賣給怡和洋行作為糖廠，亦將鑄造銀幣的機器賣往日本。新廠址賣得 6 萬 5000 元，機器賣得 6 萬元，合共得款 12 萬 5000 元。該廠以 40 萬元開辦，得回 12 萬多，損失可謂慘重。

為什麼香港造幣廠僅經營了一年數月即告停辦呢？歷來寫香港掌故的作者，都說是由於該廠虧損過巨，無法支持下去所致。其實並不是這麼簡單。造幣廠於 1864 年撥款營造，歷時兩年多才建成，卻只造幣一年多便結束，哪會是虧損過巨所致。主要原因在於發行銀元的主權必須由香港政府收回，不能讓市民交銀鑄造銀幣。

開設造幣廠旨在統一本港幣制，初時立例以此為主要目的，事後才發現這種辦法有違財經原理，如果造幣廠仍在開設，而又宣佈不許民間委託政府鑄造銀幣，會被當時最具勢力的西商所反對。因此匆匆把它結束的主要原因，是收回發行通貨之權。

從此，本港的銀幣便由港府託英國訂製，故自 1868 年開始，本港所有的硬幣多由下列各公司鑄造：

（一）皇家造幣廠 Royal Mint, London.

（二）伯明罕公司 Birmingham Ltd. 該廠製造的硬幣，上有 H 記號。

（三）占士獲特公司 James Watt and Co. 專鑄造維多利亞女皇的一仙銅幣。

（四）京士羅頓金屬公司 Kings Norton Metal Co. Ltd. 該公司所製硬幣，上有 KN 為記。

到底港元在香港市面的流通情形怎樣呢？是否香港銀元面世之後，市面上即全部行使本港發行的貨幣呢？不是的。當時市面仍然有各種銀幣流通，在使用上仍以銅錢為主，銀両則仍以両錢分厘計算。三分六、二分四、七分二、一錢零八、一錢四分四等等的名稱，仍然是貨物標價的符號。商人樂於使用固有的習慣，是以港元與一般銀元同時流通，不似現在只有港元在市面流通。

1872 年滙豐首次發行紙幣

港元既成為法定貨幣，為什麼不可以制訂法例，在香港市面禁用其他貨幣呢？原來，當時中國內地仍然使用白銀，但港元流

「香港壹圓」銀幣

入內地為數不少，鑄造銀幣亦需要時間，又要運輸，當一批新銀幣運來，不久就被客商帶入內地去，造成流通量大，實際上不能夠制訂法例禁止其他銀元在市面流通。

為了應付香港銀元流入內地的情況，香港政府於 1872 年授權滙豐銀行印行紙幣，使紙幣代替銀元在市面流通。是年滙豐銀行發行一元面額的紙幣，是為香港發行鈔票之始。

當年的一元港紙，仍是聲明可以隨時兑現銀幣一元，是以它的價值與銀幣相等。但是，人民對銀幣仍有所偏愛，港紙的流通量並不大，人們只在繳交税款時使用港紙繳付，是以直到 1912 年，仍無法禁止其他貨幣在市面流通。

1911 年民國成立，中國開始進行幣制改革，此時港督軒利．梅乘機劃一香港幣制，在 1913 年頒佈第 13 號《禁止通用外國鈔券條例》，阻止中國發行的紙幣在港流通。又於 1913 年 10 月，公佈施行《禁止通用外國紙幣貨幣條例》，所有以前通用的墨西哥銀幣，中國貨幣銀元、銀毫、銅仙等，悉予禁止通用。僅中國銅錢一項，則從未禁止流通。

劃一使用港幣曾引起抵制電車風潮

當 1913 年 10 月頒佈禁止使用外國銀鎳錢幣時，電車公司首先奉行並通知員工，由即日起拒收中國銀幣。當時市民嘩然，民國才剛成立不久，中國發行的銀毫竟被歧視，遂發起抵制電車風潮，一直堅持多月。港府亦宣佈將該法例，延遲至翌年 3 月 1 日始施行，風潮才能平息。

從 1914 年 3 月開始，香港的幣制才能劃一。但是，港紙仍然是銀本位制，而香港市面流通的港元仍以銀幣為主，後來因方便之故，滙豐銀行發行一元紙幣，流通量便逐漸增加。

到了 1935 年，世界銀價暴漲，大量中國的白銀流出國外，南京政府宣佈白銀收歸國有，變更幣制，不用銀元硬幣，改為發行紙幣為法幣。這一宣佈，香港金融界大起恐慌，引起了一場金融風暴。

原來當時香港的商行多和內地做買賣，存儲銀元不少，而銀號與找換店也有不少銀元。同時，由於廣東各地通行「毫券」，這是陳濟棠時代由廣東省銀行發行的鈔票，它與紙幣的價值如何，一時還未清楚，引致人心惶惶，若干行業買賣幾乎陷於停頓。

1935 年白銀收歸港府發行鎳幣

香港政府為了應付這場風暴，立即宣佈白銀收歸港府所有。1935 年 11 月 9 日星期六，立法局召開緊急會議，通過新幣制事。

該新幣制案內容如下：（一）由 1935 年 11 月 9 日正午 12 時起，除庫務司輔政司外，無論何人都不能將英國銀元、香港銀元、墨西哥銀元、銀磚、銀條，香港一毫、半元、五仙等銀幣，由本港運輸出口。（二）庫務司將發行新一元紙幣，以收回本港市面流通的香港銀元。庫務司設一法幣保證金，將收回的各種銀幣儲存於一銀行或一銀行以上，作為保證金，但庫務司隨時可以提回之。（三）庫務司將發行兩種鎳幣，以代替本港市面流行的一毫及五仙之銀幣。一毫鎳幣每枚重二點五九一格蘭姆，五仙鎳幣每枚重一點二九五格蘭姆。

按照上面的幾點內容，人們仍認為港幣以銀元作為基金，因為發行紙幣，收回銀幣，以銀幣作基金，不是銀本位制而何？原

「香港半圓」銀幣兩種

「香港五仙」銀幣

「香港壹毫」鎳幣　「香港五仙」鎳幣

來港幣從此即與英鎊掛勾，因為 12 月 6 日即頒佈了《外匯基金條例》，收回的銀幣已全部換成英鎊，作為保證金了。

1935 年開始，香港的硬幣以鎳為原料。一毫的鎳幣當時發行 1000 萬枚，五仙的鎳幣則發行 100 萬枚。這種鎳幣，後來在第二次世界大戰時期，被日軍盡數搜刮，用以製造軍用品。故戰後初期，香港復員，輔幣短缺，臨時採用只印一面的紙幣，作為輔幣，代替硬幣。

經過這次幣制改革之後，香港的幣制沿用至今，而其中改變的是戰後收回一元紙幣，再發行一元硬幣，以及後來發行二毫、二元及五元硬幣而已。

委託三間銀行發行鈔票情形

最後，應該一提的是：本港的幣制既然以元為單位，則一元面額的硬幣，便是法定貨幣，不能稱為輔幣。但香港貨幣的發行，僅有幾種面額的硬幣，是由香港政府發行的，其餘的紙幣則由滙豐、渣打及有利三間銀行發行。這三間銀行到底怎樣發行貨幣的呢？

關於這三間銀行代香港政府發行港幣的辦法，1935 年的《外匯基金條例》第四條，說得十分詳細。辦法就是：（一）財政司有權依附表格式發給負債證明書與發行鈔票銀行，作為抵償在本港合法發行之鈔票，及命各該銀行照該證明書面額價值向財政司交付款額，撥入基金賬下保管，專為贖回該銀行發行鈔票用途。（二）財政司得於本條第一項規定收得之款項，用作購買外匯或黃金，或照第三條第二項之規定調用之。（三）財政司得遵照第三條第二項之規定，將售出之外匯或黃金所得收益，兌換香港貨幣，作為贖還本條第一項所發出之證書。

這就是說：香港政府先印就一種稱為《負債證書》的表格，由財政司簽字，填上應發行港幣的數目，該授權發行鈔票的銀行，便照證書上所列的貨幣數目加以發行，亦由財政司支配。如財政司認為要收縮通貨，即可將黃金或外匯，或經稅收中得回港紙，向銀行贖回《負債證書》。如仍嫌通貨膨脹未夠水平，仍可再簽《負債證書》以發行鈔票。

如所周知，近年通貨膨脹步伐加快，顯然久已乎沒有由財政司贖回《負債證書》了，相信這種《負債證書》，已是堆積如山了。

香港經濟發展的歷史軌跡

生產要素勞工為首

勞工、土地和資本，在香港戰後的經濟發展，主要由這生產的三個要素決定。如果香港沒有足夠的勞工參與生產，生產就不容易增加；如果沒有土地供工廠建廠，工廠就開不成，也談不上生產。又如果沒有資金投資，沒有錢買機器和原料，也是不能生產的。因此，研究香港戰後經濟發展史，應先研究這三要素的發展史。

香港勞工的發展，和鄰近各地不盡相同。別的地方，當人口出生率降低時，會導致生產潛力增長減少，原因是出生率降低時，未來參與勞動的人口也減少。香港有不同的原因，讓大批入境移民參與勞動，故香港人口出生率雖然降低，卻不會影響勞動力的增長。

二十世紀五十年代時，本港人口出生率是每千人有40個初生嬰兒，五十年代後期降至每千人有35個初生嬰兒，到六十年代繼續下降至每千人有20個，七十年代最初五年維持此數，但直到後五年，已降至每千人只有19.5個嬰兒出生。

出生率不斷下降，並不影響本港的勞動力，因為人口的總增長率在戰後不斷提高。人口增加，是由內地移民所致，他們大多是成熟年齡的勞工，因此使得參與勞動的人口不斷增加。下表可說明這一點：

香港人口、勞動人口、就業人數的體積及增長率						
年期	人口		勞動人口		就業人口	
	數目	增長率（每年百分率）	數目	增長率（每年百分率）	數目	增長率（每年百分率）
1961	320 萬		120 萬		120 萬	
1966	360 萬	2.8	150 萬	3.7	140 萬	3.3
1971	400 萬	2.2	170 萬	2.6	160 萬	2.5
1976	440 萬	1.9	190 萬	3.3	180 萬	3.0
1978	460 萬	1.9	200 萬	2.7	190 萬	2.9
1961-1978	460 萬	2.2	200 萬	3.0	190 萬	2.9

再看香港就業人數的發展過程，1961 年有 120 萬人就業，1966 年是 140 萬人，1971 年是 160 萬人，1976 年是 180 萬人，1978 年是 190 萬人，就業人數的每年平均增長率是百分之二點九，比勞動人口增長率的百分之三，只差千分之一，即等於絕大多數勞動人口都有就業機會，失業率非常低。

勞動人口增長迅速，是因為從 1962 年起，中國內地移民不斷注入本港，增加了勞工的生力軍，每年以平均百分之三的比率注入，故此香港的生產力得以維持驕人的發展過程。

香港勞工三大特徵

香港勞動人口的特徵，也是由發展過程中形成的。這些特徵共有三點：第一，自願性失業甚少；第二，對工資增加反應敏鋭；第三，重視收入多於閒暇。

第一個特徵的自願性失業甚少，是指由工會領導的長期性罷工而言。在外國，工會領導罷工時，工人放棄工作，從工會中領取生活費以支持罷工行動，故稱「自願性失業」。又外國因其稅務關係，抽取工人的薪俸稅極高，因此設立失業救濟金制度。很多工人每年也會找個機會作自願性失業，領取失業救濟金去嘆嘆世界。在香港此種情形卻甚少。

對工資的增加反應敏鋭這一特徵，很少人加以研究，以為人總會歡喜收入增加，難道有人對工資增加不感興趣麼？事實上不是如此簡單。「反應敏鋭」是表示對工資的增加特別感興趣。例如對超時工作所增加的工資，對某一行業的優厚薪金感興趣等等，於是造成香港的勞工大多數願意為了增加收入而超時工作，或到另一行業去作「鐘點勞工」，還有轉廠轉業的流動性很強等，都是這一特徵的表現。這特徵的社會意義是人盡其力，即勞動力得以全面利用，不會浪費。

這一特徵的發展過程與中國原是農業社會有關。香港開埠以來的勞動力，都是來自中國農村的勞動人口。農民有長期勤勞和刻苦的特性，只要有可發展餘地，他們願意整日勞動以增加收入。

上文説到香港的勞動人口增長是來自中國境內的移民，這些移民在「做又三十六，唔做又三十六」的制度中來到香港，發現香港並非「三十六制度」，而是做可以得三千六，唔做連三分六都沒有，加上受原居於香港而從前來自農村的勞工刻苦勤勞的幹勁所影響，便把這一特徵發展起來。

重視收入多於閒暇這一特徵和上述第二特徵分不開，因此它的發展過程也分不開。不過這一特徵在今後幾年會有轉變，這是由於生活水平的提高，以及假期增多、旅遊盛行，很多勞工的活動都正在轉變著。

青少年勞工因教育普及而減少

勞工發展過程已如上述，而進一步細緻地分析勞動力的發展軌跡，亦富有啟發性。例如將 1961 年至 1968 年的兩性勞動人口發展作一比較，便發現青少年勞工是在減少，反而女性的勞動力在增長，兩性的勞動年齡亦漸漸提高。

戰後初期，本港的青少年參加勞工隊伍的人數很多，那些 15 歲到 19 歲的青少年，很多連小學還未讀完就要到社會去找尋工作，到了 1961 年才漸漸減少。由於 1961 年是戰後第一次人口調查所得的資料，故此沒有以前的完整資料，勞動人口參與率也是以 1961 年為起點。但從 1961 年這組年齡的青少年參加勞動的比率，也可以看出以前參與率很高。男孩子有超過半數要出來做工（54.3%），女孩子亦接近半數（47.9%）。

由 1966 年開始，顯出勞動人口參與率中的男性青少年一組漸漸降低，由 52.4% 下降到 1971 年的 50.4%，1976 年降至 43%，而

1978 年則降至 37.1%。這一段發展過程，表示男孩子接受教育的機會逐年增加，而不是表示工業對這組年齡的勞工需求減少。因為政府在教育方面的撥款逐年增加，公立學校不斷興建，教育普及了，加上生活水平的提高，一般家庭都願意讓男孩子繼續學業，是以勞動參與率逐漸下降。

女孩子的參與率在六十年代至七十年代初期，亦出現反常現象：由 1961 年的 47.9%，升到 1966 年的 51.3%，1971 年更升到 56.4%。這三段時期，15 歲至 19 歲的女孩子竟和男孩子的發展背道而馳，是什麼原因造成呢？

女性就業機會大為提高

若研究這組人口的發展和變化，要聯繫其他年齡組別的勞動參與率一起研究，才能找出其發展軌跡。且看女性一欄內各年齡組別的參與率，在這三段時期內都是逐年提高，這表示女性的就業機會年年增加。當時社會上需要大批女子參與勞動生產，這段時期內，本港開設很多製衣廠、塑膠花廠、原子粒收音機廠、假髮廠等等，其他服務行業也需要大批女性工作，因此全部女性的勞動參與率都提高。

另一原因是教育普及政策仍處於早期階段，在 1961 年至 1971 年之間，兒女較多的家庭在選擇子女是否繼續求學時，都會偏重於兒子，女兒居於次要而選擇就業，因此這組年齡的女性參與率就提高了。

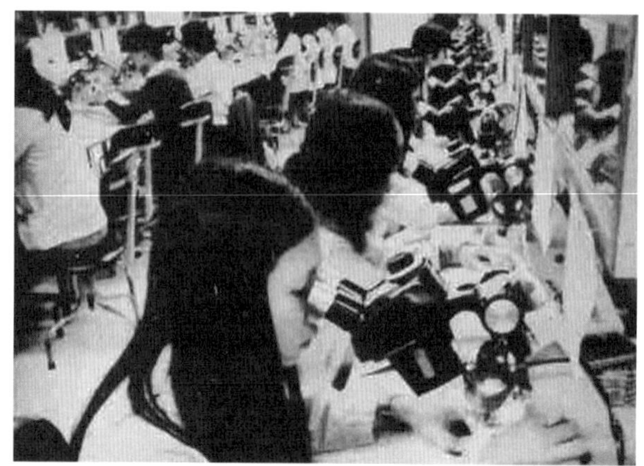

年輕女工在香港工業界佔了很大的比重

1976 年開始作急劇的變化，從 1971 年的 56.4% 劇降至 1976 年的 47.2%，再從 1978 年下降至 40.3%，這表示普及教育方面已發展到相當程度，女孩子繼續學業的人數大增，參與勞動人數便相應減少。

但社會對女性勞工需求仍很殷切，所以 20 歲至 24 歲的女子勞動參與率急劇上升，到 1978 年高達 78.3%，25 歲至 34 歲的也提高到 52%。由此可見，女子就業機會率不斷上升，並反映本港的經濟發展不斷進步，有更多的行業需要女性勞動力，亦反映內地移民中有很多成年女性。

男性勞動參與率自 25 歲到 54 歲的幾組年齡，平均都在 95% 至 98% 之間，顯示失業率很低，近乎於全面就業。

以上是生產三要素中勞工要素的發展軌跡，從這軌跡可以找到未來促進生產力的因素。20 歲以下的勞工參與率下降，是因為自 1971 年開始，一般人接受較長期教育的機會增加，這些教育設施包括工業和商業教育，以及訓練學校和中學教育在內，勞工質素亦因而提高，熟練程度也增加，使用新科技機器的能力亦加強，可使香港的生產力繼續提升。

早期土地發展限於港灣一帶

第二個生產要素——土地，正是香港最缺乏的資源，所以香港政府在戰後不斷為這資源尋求補充。

土地的早期發展考慮到香港只是作為外國貨物輸入中國、中國貨物運往外國的一個轉口港，是以土地發展集中在海港範圍之內。

戰前香港並不是沒有工業，但為數不多，而且是配合轉口港的地位而發展的，就工業的發展史來說，可追溯至 1857 年那樣遠。當時英人約翰林蒙（John Lamont）和德忌利士輪船公司的大班（Douglas Lapraik）在石排灣開設造船廠，製造中西合璧的綠殼（Lorcha）船，這種船的船身是西班牙和葡萄牙式的，船上的帆檣則是中國式的，是香港特製的船。後來 1863 年黃埔船塢成立，收購了這間船廠。當時香港還有聯合船塢（在紅磡）和四海船塢（在大角咀），這些船塢後來都為黃埔船塢合併，從製造帆船轉而製造輪船。船隻是轉口的主要運輸工具，它的發展突出了香港作為轉口港的性質。

戰前本港工業以橡膠業和織造業為主，橡膠廠生產的膠鞋，織造廠所生產的布、毛巾、線衫等產品，主要市場都是中國內地，正為配合香港作為對華貿易轉口港而開設的。

朝鮮戰爭禁運轉口港地位下降

1950 年以後，香港的轉口港的地位已改變，特別在朝鮮戰爭爆發之後，因港府追隨美國的禁運政策，而失去了對華貿易轉口港的地位，美國為了「照顧」本港，鼓勵商人輸入本港貨品。這段時期，從內地各大城市（如上海）來港的移民中，不少是工業家和產業工人，他們在香港設廠，開始將轉口港地位，漸漸改變成一個工業港。

約於 1955 年，當局才注意工業用地的補充。於是在觀塘移山倒海，闢成工業區。這個時候，當局的土地政策移向工業方面，容納人口是為次要。當開闢觀塘為工業區時，便在觀塘建徙置屋，以便容納勞工以供工業發展。

整個 1950 年代及 1960 年代初期，本港一切土地發展計劃都是由工業帶領的，因為本地產品在朝鮮戰爭時期已打開了輸往美國和各禁運國家的通路，朝鮮戰爭結束後，各國經濟好轉，需要本地產品增加，刺激起工業的發展。沒有土地就不能設廠，工業用地需求殷切，故此土地政策亦以工業用地為主。但是在這十多年中，當局處理工業用地及容納人口用地方面缺乏全盤計劃，只要有明顯需要時就開發一些土地作工業用途。既有工業用地，就在工業用地附近建平民大廈以納入勞工，因此早期的工業區出現很多「樽頸地帶」。那些工業區的道路，因為缺乏貨車起落貨物的設計，容易引發嚴重塞車，公共交通工具和貨車及客貨兩用車經常擠塞街道，影響交通運輸；空氣亦變得混濁，影響在工業區居住的市民健康。

注意勞工健康　限制工廠密度

到了 1972 年，當局才制訂了香港發展藍圖，注意到工業用地和容納人口用地的設計。這個發展藍圖主要開發荃灣南部和北部、沙田、屯門成為新市鎮。這改變過去以容納人口附屬於工業的政策。1973 年成立房屋委員會和委任房屋司，標誌著土地政策從屋邨附屬於工業區，而改為先建屋邨以容納人口，然後在屋邨附近開闢若干工業用地，以免工廠太多而影響住宅區的空氣質素，以及交通擠塞問題。

《香港發展大綱圖例》第五章一開始就這樣寫著：

> 香港經濟的進展，大部分有賴於工業出口製品在海外市場的成功。因此，提供工業用地，以滿足工業的需求，和改善工業與勞工資源及運輸之間關係，以確保使工業能在有效而經濟的情況下經營，其重要性無可比擬。
>
> 工業可分為若干大致類別，各有不同的擴展率，計劃標準、建築物與工人密度。此外也有必要研究如何建立新型的工業，以擴大香港的經濟基礎，和考慮工業區的工作環境是否需要改善，以保障勞工的效率和健康。

這是香港第一次對土地有計劃的設計。原因是，香港的工業一向以輕工業為主，而輕工業因鄰近發展中地區如漢城（即首爾）、台灣等地也發展迅速，成為香港的貿易對手，故香港必須向高、精、尖這三方面發展工業。製造高級用品，需要更換更龐大和多套件的新科技機器，這些機器不是以前的工業大廈能容納得起，故要增加土地供應。同時，要發展精重工業才能維持香港經濟的增長，重工業需要更多的土地才能建成。發展尖端製品，也要有新的設備方能達到防塵防雜音等要求，亦要有新的土地供應方能發展起來，故要作全盤的設計。

政府在《香港發展大綱圖例》內擬定土地政策的規劃（工業的勞工用地密度和建築標準）：估計在輕工業（甲類）中工作的勞工，仍佔大多數，約為勞工總數的 87%，在服務性行業（乙類）內的勞工為 10%，在重工業（丙類）或厭惡性及危險性工業（丁類）的勞工約佔 3%。

自 1973 年以來，香港對工業用地的政策，就是朝這方向擬定。首先是在沙田新市鎮內，對於工廠所用的能源，指定只能用電力，不能用其他燃料，如煤、炭、汽油等都一律禁止。由於沙田地勢四面皆山，為最多霧的地區，故此禁止使用其他燃料，以免影響住在該處的勞工健康。同時，開發青衣島，供應丙類重工業設廠用地，亦在大埔建工業邨，用以容納丁類的工業。

換地權益證成有價證券

至於土地供應的方法，也有其發展過程。香港早期供應土地，是用拍賣和批租兩種方式進行的。所謂拍賣，是在拍賣行內競相叫價，以價高者得的方式出售土地的管業權，批租雖用投標方法進行，不一定價高者得，倘若投資者有利於香港工業發展，則可選擇予以批租。

除了這兩種方法，由於開發土地向新界的荃灣、沙田、屯門等地伸展，就出現了第三種方法。大家都知道，新界列入香港版圖是由於《展拓香港界址專條》而來，這些作為向中國租用的土地，故此該處鄉村農地等大片土地，都是原始私有土地，土地所有人依照香港法例登記，照常使用。到了發展新界土地時，就要收回土地，至於收回土地的方法，有些是用現金補償，有些是換地，但在開發時沒有這麼多土地給予更換，只可用「換地權益書」來代替。「換地權益書」的意義，本是作為將來可以用這張證書所列明的土地面積，換取新的土地。但因證書上沒有列明所換的土地在什麼地方，實際上無地可換，因此，政府在拍賣新界土地時，就採用以前未有的方法，就是除了以價高者得之外，必須持有「換地權益書」才能叫價競投。

於是新界村民手上的「換地權益書」，就成為有價證明書。地產商為了要買新界的土地，就得先行向新界鄉人收購「換地權

戰後屯門迅速成為一個嶄新市鎮

益書」，作為一種土地證券儲備，以便在拍賣土地時有資格競投。「換地權益書」的收購價也是每呎計算，從初期以數元一呎起收購，到後來已高至數十元一呎。

上面的敘述，説明了香港土地發展的軌跡。最初為了發展轉口港而開發土地，容納勞工為港口搬運貨物以及為商業服務，其後因移民來港的人太多，以及因轉口港的地位漸漸削弱，才在離港灣較遠的地方興建徙置屋，而徙置屋亦建在工業區（當時的青山道）附近，利於工業發展。由於當局沒有全盤計劃，對工業用地只是逐段逐段地提供，因此本港工業只限於在輕工業上發展。重工業礙於用地太多，地價因供應方法不善而不斷抬高，更不利於重工業發展，所以注定本港經濟以輕工業為基礎。

建築商認識到這一點，於是也投資工業用地。他們買了工業用地之後，即建築工業大廈，通過分層出售轉賣給廠商，因此更促進了輕工業的發展。直到漢城與台灣也發展輕工業，本港的輕工業製品的銷路受到威脅，當局才於 1973 年作全盤發展打算，以及為了謀劃將來怎樣發展經濟，於 1977 年成立了經濟多元化諮詢委員會，研究發展香港大計。

政府從來不向工商業提供資金

現在談談資本的發展過程。本港開埠之初，並沒有銀行提供資金予投資者開發這個商港。開埠初期的幾年，政府開發本港的道路和建築公共樓宇的資金，是來自鴉片戰爭時滿清政府的賠款。至於商人的樓宇及碼頭建設的投資，都是由各洋行及商人把資金帶進來發展，並沒有一個資金市場以供利用。

當雛形的商港建設完成後，鴉片戰爭賠款已經用完，那時因私人投資的增加，政府在賣地及稅收上亦可提供公共建設資金。

香港三大銀行中，渣打銀行在港成立得最早，開設於 1859 年，但他的總行在上海，且開設在先（1858 年）；而滙豐銀行開設於 1865 年。這些銀行的開設，只能標誌著英國的資本主義，已由貨物輸出發展到資本輸出。當時兩間銀行在提供給本港發展的資金並不很多，它們的資金主要是向華輸出，貸款給滿清政府興建鐵路或開礦之用，甚至貸款支持滿清政府的對外戰爭經費。

所以一直以來，本港的資本來源都是由投資者自行籌措，有別於外國有很多資金市場能提供資金（例如在股票市場上收集資金、發行債券等等），香港雖然很早就有證券交易所，但早期的股票買賣並不活躍，對提供資金的幫助很少。

從這種基礎出發，一方面因銀行設立得較早，故而香港的銀行業較為鞏固；而另一方面，銀行給予工業的資金供應亦較其他地區的為少。特別是從來沒有較長期及較大筆的資金供應，使香港的工業不能向重工業方面邁進。

資金與土地限制　只向輕工業發展

銀行業的發展也是隨著本港的發展而發展的，當本港仍保持以轉口為主的時候，銀行的貸款也集中於這方面。當土地增加，建築商需要資金興建樓宇時，銀行也提供資金，正因為經濟發展的轉移，銀行才又向工業提供資金。由於資金早已分散提供，故對工業的資金供應上無法集中，導致本港資金多由工業家自行收集。

上文說到土地因分段拍賣，使本港工業以輕工業為主，資金亦因沒有銀行願意提供較長期和大數額的資本供應，而本港亦趨向集中在輕工業發展。首先，由於輕工業不必龐大的資金，廠商能收集得來。其次，因銀行缺乏長期資金供應，使本港的工業家養成儲蓄資金的習慣，這筆儲蓄就成為添置廠房和更換機器的資金來源。

從本港開埠那時開始，政府的政策已注定不負擔向私人及發展商提供資金的義務，而是任由市場來決定一切。有時例外的只能提供土地而已。所以很多人指責香港為何不設中央銀行和工商業銀行？像其他國家一樣，由港府提供資金給私人發展。若明白政府的政策，便很容易理解不設上述兩種銀行的原因。

政府財政盈餘作兩種用途

港府是不是沒有錢呢？不是。港府其實有大量的盈餘儲備。自第二次世界大戰之後，只有三個年度出現過財政赤字，而赤字是很少的，其餘 30 年都有盈餘，儲備了很多資金。政府這大批盈餘資金用來做什麼的呢？主要分兩方面，第一是用以預備支付「或有負債」，第二是設立「發展貸款基金」。此外，就是將這些儲備分散投資及作為外匯基金之用。

香港金融界的心臟——中環

港府的政策規定，盈餘儲備最低限度足以支付「或有負債」三分之一的能力。「或有負債」是政府對某項行動的保證，例如因為實施「居者有其屋計劃」，政府向銀行保證分期付款的償還能力；又如在亞洲發展銀行中所認交而未償交的股本，以及保證香港出口信用保險局的款項等等。這些保證雖然不一定要立即支付，但須預備立時要支付，故要儲備資金以為應付。

「發展貸款基金」是用來向公營部門的各種計劃提供資金，包括建築公共房屋、教育、醫療設備、機場及海港設備和其他康樂設備等，完全是為香港內部發展提供資金之用。因為這項基金具有向內部發展提供資金的意義，故在興建海底隧道時，政府為支持這一計劃，利用這筆基金取得權益股，成為海底隧道公司的股東。當建屋貸款公司成立時，為促進它的成長，也用這基金加入成為股東。此外，為發展航空貨運，也加入為香港空運貨站公司為股東。表面上好像政府向私人提供資金，實際上是一種「公私合營」的方式，並非向私人及發展商提供資金。

由於香港沒有中央銀行，而銀行業亦已有百年歷史，故此收集及供應資金，大部分由私營銀行負責營運。銀行收集公眾資金的方法，就是吸收存款，然後將存款提供給發展商。在戰前，本港銀行只有外資銀行能從外國吸收資金來港營運，其他華資銀行極其量是向中國內地調動及吸收資金，所以銀行對資金營運上，以幾間英資銀行最具勢力，也佔很大優勢。

利率競爭引致銀行擠提

二十世紀五十年代初期香港持牌銀行只有 30 間，到 1965 年逐年增加到 85 間。在 1964 年，由於華資銀行吸收公眾資金的傳統方法是向華人社會著眼，而其方法是提高存款利息以吸收存款，形成本港銀行間的劇烈競爭。於是，政府一改其對自由競爭一貫盡少干涉政策的態度，突然對銀行提出嚴格的管制，讓公眾對銀行失去信心，引起一場「擠提風暴」。經過這場風暴後，有些華資銀行清盤，有些被合併，然後於 1964 年 7 月 1 日，由外匯銀行公會協議利率的分類，以避免劇烈競爭。

資金的收集與提供都離不開利息，所以研究香港經濟發展的歷史軌跡，對利率史的發展亦極重要。1964 年 7 月 1 日，利率協議便將銀行分為五類。

因此，自 1964 年 7 月之後，每到需要調整利率時，必由外匯銀行公會宣佈基本利率，這基本利率是第一類銀行所執行的存款利率，第二及第三類銀行則按照宣佈的基本利率加二分一厘，第四類銀行加四分三厘，第五類銀行則加一厘。但五類銀行儲蓄存款的利率都一樣，支票的往來存款沒有利息，少於七天的存款亦無利息。

由於政府的存款不受限制，是以政府雖然不干預因市場資金的需求而調整利率，但卻有干預的實力在內，所以每次銀行公會調整利率之前，政府必預先知道，並且有影響力。

經過 1964 年的銀行風潮之後，又因劃一儲蓄存款利率，所以幾間英資銀行在吸收儲蓄存款上，佔了很大的優勢。在這以後，他們在港九各角落都開設很多分行，用以吸收存款。由於存款增加，提供資金也增加，於是對資金供應起了優勢。

不發銀行牌照　產生財務公司

政府認為銀行風暴以後，需要一個鞏固銀行業務時期，是以在 1965 年開始，宣佈暫時停發銀行執照。因此本港銀行數目，自 1965 年的 85 間，到 1978 年初已縮減為 74 間。

這項措施顯然不符合香港經濟發展，因為銀行業務對出入口營運均極重要，停發銀行牌照，豈不阻礙了香港的經濟發展？但是香港的銀行界卻有靈活的應付方法。

原來，香港的輕工業製品不斷擴展到世界市場，那些和香港貿易的國家，都需要在香港設立銀行，以便展開貿易，但碰巧政府又不簽發銀行牌照，他們只有用資金注入本港原有的銀行中，以取得這些銀行的權益股。在 1970 年以前幾年，華資銀行為外國銀行加入的為數不少。很多華資銀行亦因貿易的推進，而與外地銀行緊密聯繫，以擴展業務。於是，這些銀行不僅可以在本港收集資金，而且可以在其他地區和國家收集資金，以供本港的需要。

到了 1970 年之後，外國銀行來港開設分行的需求日增，但因華資銀行可供利用的已經有限，一些經已建立了國際聯號，一些亦早已加入外國銀行為股東，他們無法取得銀行牌照，於是以「財務公司」的形式，在香港設立「批發性銀行」。

「財務公司」並無銀行字眼，因為根據《銀行條例》對銀行的定義有如下的規定：銀行的定義為持有總督會同行政局授予有效牌照以進行「銀行業務」的公司，「銀行業務」的定義是：「如不是 A：一，接受公眾人士活期、定期或其他類似戶口存款。二，支付及收取顧客以支票提取或存入的存款、以及三，為顧客提供墊款。便是 B：接收公眾人士儲蓄存款，並隨時或在三個月內在接獲三個月通知，或少於三個月通知後或在上述兩種情況下支付。」因此，財務公司便須用批發式的方法來進行不抵觸「銀行業務」的銀行業務。

這些「財務公司」如何進行批發性的銀行業務呢？首先在股市旺盛時期，為新上市的公司作「急銷」服務。1970 年至 1972 年底，很多上市的新股以包銷的形式，為新股票公司一批過批發資金，然後又從公眾認購身上，收回資金及利用這些資金套取利息，這是批發業務之一。

此外，安排及提供集團放款，擔任工商業公司的財政顧問，為他們的資金籌劃出路及安排其所需的資金。總之，業務集中在「批發」上。他們的資金來源，除了來自本國銀行之外，亦向其他資金市場調動資金，包括向本港銀行拆借，還有用另一種方式接受存款。

接受存款的方法也是「批發」式的，即不接受小額及半年以下的短期存款。大額存款及以半年以上期限為目標，方法不以存款方式，而是以貼現方式進行。例如，某人有 10 萬元存入財務公司，以一年為期，財務公司即以一張一年後的期票給他，而期票上的銀碼是 10 萬元加上一年的利息，例如利息是一分二厘，支票便寫上 11 萬 2000 元的銀碼，到期時，某人持這支票到銀行去提取 11 萬 2000 元，即連本帶利也收回了。

未來的亞洲金融中心

這種變相的接受存款，完全不抵觸條例，因為這並非任何形式的存款，而是支票的貼現，即財務公司以期票向顧客貼現，這樣不但沒有利息的痕跡，還可以免去利息稅。因此後來港府發覺這一漏洞，便開始訂定《接受存款公司條例》，一方面保障存款者，另一方面管制這些財務公司，使之不致泛濫成災。法例的大意是規定接受存款公司的發行股本最少要 500 萬港元，其中實收資

交易所也建起了現代交易大堂

本不得少於 250 萬元，同時規定貸款任何商號或個人貸款額不得高於該公司資本的 25%。而且仍然不得使用「銀行」字眼，亦不得進行銀行業務。政府也像監督銀行一樣，委出一個接受存款公司監理處處長，要各存款公司按月呈交報告。

雖然如此，但接受存款的財務公司仍具吸引力，因為他們不屬於「銀行」，不受銀行公會的基本利率所限，可以提高利率以吸引存款。故到了 1978 年，本港已有 241 間財務公司，其中有四分之一是海外銀行的全資附屬機構。

這樣發展起來，香港已有成為亞洲金融中心的資格，因為外國的國際性大銀行都來香港展開金融活動，加入華資銀行成為股東的有一批，成立財務公司的又有一批，其中不少是英國的國際銀行，他們造成一種壓力，認為他們在任何國家都可以用「銀行」

的名義營運，為什麼在號稱受英國殖民管治的香港不能用「銀行」的名義營運。其中最大的壓力是：如果香港要成為亞洲金融中心，就不能再墨守成規，應該簽發更多的銀行牌照。

因此到了 1979 年，港府也想香港成為亞洲金融中心，決定簽發更多的銀行牌照。因此，自 1979 年 8 月起，持牌銀行由以往的 74 間，迅速增加到 115 間。由於銀行突然在幾個月間大幅增加，港府於稍後又宣佈暫停發出銀行牌照。

資金來源不限於財務公司和銀行，股票市場也是一個資金市場，金銀貿易場也是。礙於篇幅所限，只好留待機會再談。

毫不浪費才得到發展

香港的經濟能夠發展迅速，是勞工、土地和資本三大要素都能盡量利用，毫不浪費所致。在勞工方面，刻苦耐勞，完全處於無條件而多勞多得的狀態下，並非有條件的多勞多得，故此勞工能全面使用，毫無浪費。土地供應方面，因為政府的高地價政策，更沒有半點浪費的可能，發展商既以昂貴的價錢購入土地，豈能加以浪費？資金的運用，是和上面兩要素分不開的，廠商不會投入資金買了一部沒有人會使用的機器，相反，他們投資更換新機器一定使之全面使用，增加生產。這三要素發展的歷史軌跡，就是香港原是從落後的起點起步，但因處於競爭的社會裏，便越跑越快，而得到發展。

香港銀行擠提潮的回顧

香港開埠以來，在和平時期發生全面性的銀行擠提事件實屬少見，只有 1965 年 2 月的銀行擠提風潮發生。在此之前，間中亦有些銀行出現擠提，但很快便平息，而且只是少數一兩間銀行的事。至於大規模的擠提，1925 年省港大罷工時出現過一次。但那次是受罷工風潮影響，並非在和平時期，而且當時香港銀行並不多，華資銀行甚少，加上市民還未普遍懂得將餘款存入銀行，所以影響不大。影響嚴重的銀行擠提風潮，的確只有 1965 年那一次。

1965 年那次銀行擠提風潮的起因，最主要還是市民對銀行的業務認識不深，對貨幣供應的原理也不了解，其次是政府也有責任，因為當時通貨膨脹開始加劇，而政府又正在加緊干預自由競爭，造成一種內外矛盾，進而釀成這次風潮。

首先，請大家看看當時貨幣的供應情況，就知道自 1955 年至 1964 年這十年間通貨膨脹的情形。以下是根據 1965 年《香港年報》附表 14 中抄錄出來的數字（單位：百萬元）：

年份	銀行數目	紙幣及硬幣發行	活期存款	定期存款	儲蓄存款
1955	34	771.7	852	152	133
1956	34	783.3	928	173	166
1957	35	812.6	955	267	190
1958	36	827.6	988	351	244
1959	41	896.2	1205	482	369

1960	47	984.0	1393	752	537
1961	59	1026.7	1470	1234	663
1962	63	1123.7	1664	1768	879
1963	67	1229.8	1997	2283	1145
1964	69	1399.5	2237	2810	1521
1965	78	1739.8	2532	3099	1620

從上表可以説明很多問題：第一，銀行的數目不斷增加，銀行在十年內增加了 100%。銀行數目的不斷增加，説明了香港居民在這十年內對銀行漸漸信任，將餘款放在銀行裏，或作儲蓄存款，或活期存款與定期存款。是什麼力量使市民對銀行產生興趣呢？那是因為所增加的大部分是華資銀行。華資銀行知道大部分小市民還未懂得利用銀行的服務，因此不斷在報紙上刊登廣告，宣傳銀行業務，並在中下層住宅區裏開設分行，吸收小額存款。其中一間銀行，是不遺餘力地推廣銀行業務到貧民區和農村墟市去的。該銀行在當時提出以最少現金開戶，讓小市民知道小額金錢都可以存入銀行，打破以往小市民不願入銀行的習慣。其餘的華資銀行都作同樣的步伐，展開對小市民的服務。因此銀行的數目便多起來。

第二，表上亦可以看到通貨膨脹的軌跡。鈔票和硬幣的流通量，1955 年是 7 億 7170 萬元，以後逐年增加，到了 1964 年，已發行了 13 億 9950 萬元的鈔票和硬幣了。鈔票和硬幣的增加，不能算是通貨膨脹，因為人口增加，也需要增加鈔票和硬幣以便流通的，1962 年中國內地湧來了約十萬人，在供應現金流通上增發鈔票和硬幣有一定需要，但是定期存款、活期存款和儲蓄存款的增加，就是通貨膨脹的證明。

貨幣的定義不限於鈔票和硬幣，實則活期存款、定期存款和儲蓄存款都是貨幣。1964 年活期存款是 22 億 3700 萬，定期存款是 28 億 1000 萬，儲蓄存款是 15 億 2100 萬，合共是 65 億 6800 萬元。比起 1955 年已增加了 578%。

通貨膨脹的實際意義是增加貨幣流通量。貨幣增加了，華資銀行因而吸收了大量存款。銀行自然也要利用這筆存款生息，不然的話，客戶的利息從哪裏得來？當時香港最蓬勃的是建築業，銀行亦認為建築業較為穩健，因此向建築業大量放款。香港的小型工廠亦因出口貿易有了生機，多作更換新機器和設備，銀行也向小型工業放款。此外當時剛興起分層出售樓宇，華資銀行也做分期付款供樓會的業務。華資銀行從而出現一片蓬勃氣象。

港府增加了貨幣流通量，自然也希望在官地拍賣上亦能增加收入，因為通貨膨脹，地價自然也跟著提高。可是 1964 年的官地拍賣完全不符理想，那年全年的官地拍賣收入僅得 1 億 3297 萬元，比起 1963 年少了 7000 萬元。下面是 1961 年至 1964 年的官地拍賣收入的統計數字：

年份	官地拍賣收入
1961	1 億 0722 萬元
1962	2 億 3440 萬元
1963	2 億 0715 萬元
1964	1 億 3297 萬元

官地拍賣的收入減少，其實在1963年已經開始。換句話説，在開投官地時提不起價。價高沒有人買，很多官地被迫收回不賣。是什麼原因讓官地賣不起價呢？那是因為建築商熱衷於重建新樓，他們寧願買舊樓來拆去取得土地，而不願以不斷增高的地價買入官地。

拆舊樓宇　影響官地

拆舊樓改建新樓是分為兩類的，一類是經過法庭判定補償搬遷費給舊住客的，另一類則由建築商與舊樓住客協議補償搬遷費的。前者在申請豁免舊樓管制令時，當局必定詢問建築商準備將舊樓拆去之後改建何種樓宇，如投資太少，認為無助於城市發展，會加以拒絕。因此凡要求法庭決定搬遷費給舊樓住客的建築商，必須提出其發展計劃，但是後者毋須提出發展計劃，因為他們已和舊樓住客在庭外協商妥當，可以將舊樓的地皮任意發展。

由於獲得銀行支持，很多建築商都採用庭外協商的辦法，給予舊樓住客一筆搬遷費，讓舊住客遷出，然後拆樓改建。正因如此：當時的官地拍賣情況就不理想了，下面是當時拆卸樓宇的數字：

年份	拆卸樓宇
1957年	230座
1958年	345座

1959 年	430 座
1960 年	240 座
1961 年	401 座
1962 年	1077 座
1963 年	1050 座
1964 年	2110 座

看到拆舊樓的數字，比對官地拍賣的數字，就看出此消彼長的原因了。拆舊樓改建新樓，會嚴重影響官地的銷路。恰巧當年（1964 年）6 月 24 日上午 10 時，中環結志街後面的百子里一號，在拆卸期間倒塌，引致結志街、卑利街、文興里等八幢樓宇成為危樓。於是引起當局立例管制對舊樓的拆建，該條例就是《1964 年建築（修訂）條例》。按照該例規定，凡申請拆建的舊樓，必須檢查其是否安全。因此，在該例生效之後，拆舊樓改建新樓的步伐就緩慢得很，由於檢查需要很長的時間，一旦人手不足，很多已空置的舊樓便無法動工拆建，以致部分建築工人失業，建築材料滯銷，建築商積壓大量資金，間接打擊香港整個經濟基礎。

同時，當局對於分層出售樓宇的賣樓花制度，亦發表一項《備忘錄》，提醒小市民在買分層樓宇的樓花時，注意幾點：第一，凡於官地拍賣時投得官地的建築商，在賣分層樓花時，須得土地登記官批准。第二，凡經法庭批准拆建的舊樓，在賣分層樓花時亦須土地登記官批准。第三，不經法庭批准的拆建舊樓，以及私人擁有多年的空地，因為他們毋須提出其發展住地的計劃，是以無須批准也可賣分層樓花。第四，土地登記官雖然批准第一及第二類的樓花出售，但並非絕對保證他們有充分能力進行所有計劃。該《備忘錄》是在 1964 年 5 月 30 日發表的，當時本港各報都有刊登，上面的四點只是筆者將其中大意概括地勾劃出來。《備忘錄》的原文，有一段是這樣說的：

> 有意購買分層樓宇者應明瞭目前方案之各種限度。土地登記官對於發展者之業務並不進行任何調查，而全靠宣誓書所提供資料，但宣誓書內所列之事實，並不能保證發展者有充分能力來進行他所建議的計劃。

由此可以看到，對於買分層樓花的小市民來說，購買由官地建成的樓宇的分層樓花，似「較有保障」。對經法庭批准拆建的舊樓的分層樓花，亦「較有保障」。但對於私人協議拆遷舊樓改建成的新樓，以及由私人空地所建的樓宇的分層樓花，就「較無保障」了。但實際是：「較有保障」並「絕對保障」，而「較無保障」也不等於「全無保障」。不過這《備忘錄》發表之後，已影響到建築地盤的樓花出售。

上述這些在 1964 年發生的事情，對於正在向中下層推廣業務的華資銀行，自然有一定的影響，但是華資銀行都是有充分實力的銀行，加上這群銀行家對環境有靈活的適應力，雖然困難不斷加諸他們身上，但他們仍能充分應付。

到了 1964 年最後的一個月，一條管制銀行的新法例於 12 月 1 日在立法局三讀通過施行，這法例曾震撼當時的銀行界，該例全文極長，不能盡錄。其重點如下：

一、所有銀行其最低資本額要收足五百萬港元，而每年必須有相當於實收資本額五分之一的公積金，五年內須有與資本額同等之公積金。

二、銀行經常要保持百分之二十五流動金，此百分之二十五是資本，公積金加所有存款計算，如總資產一億元，其流動金要有二千五百萬元，各銀行須於新例實施後六個月內調撥完成。

三、銀行投資地產不能超過資本公積金百分之二十五，連同投資自用行址及行員宿舍，合共不能超過百分之五十五。

四、銀行投資股票不能超過資本加公積金百分之二十五。

五、銀行抵押放款並無限制，但每一個戶口之放款額不能超過資本加公積金百分之二十五。

六、銀行與客戶之間，不能相互送禮或以餽贈方式而爭取生意。

七、銀行已經投資於地產者，如有不符規定，須在二年內（即由一九六四年十二月起，至一九六六年十一月止）調整完妥。

八、資本不足五百萬元之銀行須在指定之期限內，收足法定資本。

這條銀行新法例宣佈實行之後，第二個月就是1965年的元月了，1965年2月1日是農曆的甲辰年大除夕，2月2日是乙巳年的年初一。

農曆年初一和年初二，當年仍准燒炮仗，全港市面充滿春節氣氛，一直到年初四，拜年的人群仍然是此來彼往，沒有人料到會有大事發生。

明德銀號申請破產的影響

可是年初四香港各報，刊出一段大新聞，是明德銀號的負責人向高等法院申請破產，經高院批准延期執行，讓該銀號在 42 日內與各債權人接洽，以便拍賣各物業償還債務。

在新春期間，人人正在互道「恭喜發財」之際，看到一則破產新聞，迷信的人認為兆頭不好，就是不迷信的人也在詢問：為什麼今年一開始就發生這不尋常的事情？

當年農曆乙巳年的年初四是星期五，銀行已經恢復正常工作，當天並沒有什麼事情發生。

可是第二天年初五，那天是星期六，廣東信託商業銀行香港分行，突然有很多人到該分行門前排隊提款，要勞動警察來維持秩序。提款的人越來越多，星期六本來下午是假期，但該行為了滿足客戶要求，下午繼續辦公，讓客戶提款，直到下午 7 時才休息，且貼出通告，表示翌日年初六（2 月 7 日，星期日）取消休假，歡迎客戶隨時提款。

下面是當時本港一間報社的港聞版，有關於當天的情形的一則新聞稿：

（特訊）廣東信託商業銀行香港仔分行，昨日忽有近千人排隊等候提款，香港仔警署署長親率幫辦及警員到場維持秩序，該分行亦臨時增派職員工作，結果情況順利，迄昨晚7時左右，輪候提款人龍散去，行內僅有百餘客戶等候提款。據該行經理表示，發生擠提原因，可能由於最近明德銀號破產而影響人心所致。

昨據該分行通告，為利便存戶提取起見，今（七）日星期日原定休息日期，但仍照常營業，歡迎各存戶隨時到行提存云。

除香港仔該分行今（七）日照常開放外，該銀行總行及其他分行今（七）日均休假一天。

查廣東信託商業銀行有分行共廿四間之多，遍佈港九新界各區，總行設在中區中建大廈，董事長係周埈年，副董事長係陳伯興。香港仔分行在香港仔大道200號，於1961年間開始營業，該行營業時間，由上午9時至下午5時，經理係陳兆煒。該行存款客戶均是香港仔居民，大部分是水上漁民。據說，該行客戶數量，係香港仔區銀行中之冠。

該行出現擠提是在昨晨9時許，但初時僅有百餘客戶擠滿行內提款，其後由於提款者越來越眾，遲來者被擠在門外，因此秩序混亂。警方據報，乃由香港仔警署署長率領幫辦及警員到場維持秩序，著令提款者在該行門口分開兩邊排隊。至中午12時許，人龍越排越長，最長的人龍由該行左邊門口繞至東聖道及崇文街，兩條長龍人數達千人眾。此外在銀行對面的行人路，亦擠了數百名看熱鬧的人。警方要出動擴音筒，勸令各人守秩序。

因為警方人員每次只准許十五人進入該行內提款，加上該行人手不夠，致速度緩慢，提款者因此顯得情緒緊張。其後該行經理在警方人員協助下，用擴音筒向客戶說：行內大把銀紙，各人可安心提款，即使收工時間，亦繼續任由各人提款，甚至延至晚上，亦繼續工作。至此，提款者才稍告安心，長龍秩序良好。

昨日該分行陳經理接見記者時謂，發生此種擠提現象，可能是受到明德銀號破產的關係，市面有不少謠言涉及一些銀行，在新春期間，彼此拜年時講及此事件，於是客戶心理受到影響，而香港仔區存款者的環境卻是特殊者，彼此間關係有如「瓜『攏』藤藤『攏』瓜」，於是造成此種現象。但陳經理強調該行甚多銀紙，資本雄厚，任由客戶提款。

昨晚 7 時左右，擠提人龍已散去，該行行內僅有百餘客戶等候提款。擠提現象，相信今日可能不會再出現。

星期日取消休假，繼續讓客戶提款，是本港歷史上的創舉。本來這行動足以表示銀行已有足夠的信譽和實力，擔心收不到血汗錢的小市民，應該不必再擔心了。可是到了星期一（年初七，2 月 8 日），不僅廣東信託商業銀行香港仔分行繼續出現排隊提款的人潮，其他地區的分行都先後出現提款人潮，另有幾家華資銀行門外一早也出現人龍在等候開門。一場銀行擠提風潮就在這一天展開。

本港各報都有報道當天的情形，這裏選刊其中一份較客觀的報紙的新聞稿，讓大家看到當年的情形：

（特訊）昨日是本港若干間銀行的黑色日子，在港島中區，計有恒生、廣安、道亨、永隆、嘉華五間銀行被大批過度敏感與緊張的存戶湧往提款，擠得水洩不通，由清早而迄夜後，排龍者有增無減，且曾數度出現混亂場面。亦因而影響中區的交通。

銀行界人士指出，上述五間銀行出現擠提現象，主要是客戶太過敏感所致，這些客戶可能也受了日前明德銀號與廣東信託銀行出現擠提的影響。

然而，謠言與訛傳終究是可怕的，不應該發生的風潮昨日終於在幾間銀行發生了，尤以恒生、廣安為甚；至於嘉華銀行，只較平日擠擁。

德輔道中恒生銀行，在昨日清晨6時之前，即有客戶在門前停候，當中區寫字樓上班時間開始以後，恒生銀行門前圍滿了人。未及中午，該銀行一樓大堂即已擠滿了人，風聞者陸續湧至。下午2時過後，二樓、一樓與門前都擠得水洩不通，保守估計亦有千餘人。客戶中包括商人、白領、家庭主婦、女傭以及各勞苦階層，拖男帶女。銀行職員個個忙得滿頭大汗。一位襄理手持播音器站在一樓通往二樓梯間高叫「冧把」，叫中「冧把」者，則持著一枚塑膠牌仔排眾而上二樓提款。

將近5時，大批警員馳抵該銀行內外維持秩序。五時許，恒生關上正門，掛上「休息」告示。不過該行一樓、二樓仍然擠滿停候提款者，後至的客戶被安排在側面域多利皇后街排龍，伸延至海皮聯邦大廈地盤。入夜後，人龍太長，在警員協助下，人龍折入該銀行大廈地下走廊內，再穿出正門成一「S」型。六時，該銀行一位襄理持著播音器在門前向排龍者勸告，請彼等離去，明早九時半再來提款。但人龍並不因而消失，估計達千人以上。至今日凌晨本報截稿時，人龍依舊。不少挨牆而睡，或帶備櫈仔，或坐在地上，看來這些人樂於枯待到天明了。該大廈前之巴士站，在下午即已搬了家。

大道中廣安銀行亦擠擁異常，人龍由地下沿梯級排至該大廈十樓，下午5時。後至者在門外排龍，伸延至機利文新街某電器店前。在銀行內的人龍數度混亂，廣安銀行亦於5時關門，在門前張貼通告，著客戶於明早9時半再來提款，並言明定期存戶請候到期來取。

大道中永隆銀行由晨迄暮亦是人頭湧湧，但無不愉快事發生。入夜之後，該銀行內燈火通明，為客戶辦理提款手續。道亨銀行對擠提客戶不論活期定期，一律應予支付。德輔道中嘉華銀行在正午過後亦出現擠擁場面，程度卻輕微許多，堂內擠滿了人，但無長龍出現；該行仍依平日營業時間關門，入夜提得款項者陸續離去。

上述銀行出現擠提，使整個中區掩蓋在此一風潮之中，主要交通孔道如大道中、德輔道中，到處人車爭路，各銀行附近之大群圍觀者被警員勸令散去，又圍攏上來。

現金不足　港府管制

原來，星期一的下午，廣東信託商業銀行各分行已無現金提取了，因此港府立即宣佈管制這間銀行。財政司郭伯偉（Sir John James Cowperthwaite, 1915-2006）宣佈，根據銀行法例，簽署一項命令，指示銀行業監理處長，管制廣東信託商業銀行有限公司。財政司並且宣稱：市民毋須為其存貯於銀行的款項而憂慮，香港銀行及財政結構健全，並有充分資金。財政司並且呼籲市民注意香港上海滙豐銀行前一天發表的公告：任何銀行如預期會受其存戶提款的壓力，而其財政狀況值得予以協助，即準備與之討論協助問題。同時，財政司又解釋廣東信託商業銀行目前所遭遇的困難，與其他任何銀行或一般財政情況無關，該銀行是受不負責任的謠言所累。香港的安定有賴於市民對銀行的信心，而目前情況絕不足以破壞此信心。

同時，財政司當天又表示同意外匯銀行公會的聲明，該聲明就是對於定期存款的存戶，在未到期前，一律不准提前取款。

這樣雙管齊下，風潮照理應該平息的了。可是第二天，各銀行依然排滿提款人龍。事後分析起來，主要是市民對於鈔票和存款的作用弄不清楚，他們是把少許鈔票，一張一張存入銀行去的，以為銀行持有這麼多的存款，就應該有這麼多的鈔票，而不知鈔票的流通量比存款少得多。1964 年的紙幣與硬幣的發行量只有 13 億 9950 萬元，而活期存款、定期存款及儲蓄存款是 65 億 6800 萬元，不說全部存款一起擠提無法有這麼多紙幣供應，就以儲蓄存款 15 億餘元的存戶要求提取現鈔，都無法供應。

但這是難以譴責一般小市民的，因為小市民在當時來說，對銀行只是剛剛認識，有很多人與銀行聯繫的年資不到一年，遇到風潮就只能跟風，他們不明白紙幣的流通量實在比存款為少。

到了年初八傍晚，港督戴麟趾（Sir David Clive Crosbie Trench, 1915-1988）爵士在全港電台及電視台廣播，說明真正困難在於鈔票不足，他的廣播詞是用中英文廣播，華語廣播則由利銘澤議員（1905-1983）讀出，全文如下：

各位都知道兩日來有好多人向銀行提款造成困難的局面，所以本人今晚向各位講明港府與各主要銀行的措施。

歲晚期間各界人士經常向銀行提款以備過年之用。新年過後加上擠兑，故現鈔恐有不足之虞，本人鄭重聲明，在一般情況下非係「資金」短缺，因本港有雄厚財源，不過暫時短少者就是紙幣。

你們當然會問資金與紙幣不是一樣嗎？紙幣不足不就等於資金缺乏嗎？其實當然有別。紙幣，只是資金之一種而已，無一個國家、無一間銀行，能夠將所有資金，變成紙幣，銀行將存款投資運用，為存款人生利，但是為應日常業務需要，銀行儲備庫存現金約百分之二十五。

如果所有存戶同時提回款項，亦可辦到，但需要相當時間將銀行資產變為現金。

倘若許多存戶突然同時擠兑，有如現在情形，在這短期間內，現鈔當有不足之虞，除非向銀行提取現金者減少。

吾人須知，目前主要困難乃在於現鈔可能短少，是以港府採取下列辦法應付之：

大量香港鈔票將於明日空運抵港，港府又正與英國接洽將英倫銀行英鎊鈔票，從速空運前來，到時市民如果仍然需要現鈔，則港府當可將此種英鎊鈔票發出，市民可以將英鎊鈔票作為交易之用；規定每英鎊折合港幣十六元計算，與港幣同樣流通。本人希望此等英鎊鈔票將於本星期六抵達。在此等鈔票未到之前，港府對各銀行每戶每日提支現金只限一百元，但對僱主支付工資之真實需要另有特別辦法處置。本人再解釋一次，主要之困難乃是現鈔之短少，故港府採取之辦法，乃是最實際，一則調節現鈔，二則供應英鎊鈔票，以補充港紙之不足。

現在本人請各位保持安定，勿再使目前情況更加困難，此種情況對香港之聲譽有損無益，如再繼續下去，任何人均受其害。

在現鈔仍然短少時，市民均可助一臂之力，首先盡量避免向銀行提支現鈔，而多用支票；其次如市民經已提取現鈔，請從速將現鈔存回銀行，本人敢向各位保證，比之藏在家中或身上安全得多。

現在各主要銀行聯合起來，共同應付，同時港府亦為其後盾，故本人謹呼籲各位市民對銀行合作，深賴各位協助以克服目前不必要之困難。

由於鈔票不足，故此規定每一戶口提取現鈔，每日只限 100 元。同時宣佈趕運英國鎊紙來港，以應付香港紙幣的不足，每一英鎊，作 16 元行使。此外，又趕運新印刷的港幣來港，以應付頭寸不足，經過港督的說明，以及限制現鈔提取，銀行風潮就漸漸平息了。

澳門銀行也出現擠提

有一件有趣的事應該一提，就是這一次銀行風潮，也影響到澳門。澳門有幾間銀行也出現擠提，當港府宣佈限制每戶每日提取現鈔 100 元時，澳門政府也作出同樣的宣佈，香港的銀行風潮平息，澳門也平息了。

但是，由於香港市面以英鎊鎊紙作暫時性流通貨幣，以補救現鈔不足，到澳門度假的香港人士，不少持有英鎊。可是澳門的西洋銀行，在當時向來沒有英鎊掛牌，因此引起澳門商場不便。要求西洋銀行每日掛出英鎊對澳門紙幣的牌價，澳門紙兑英鎊掛牌，是從當年開始的。

這次銀行風潮真正平息的日期，應該以 2 月 1 日為準。因為在 2 月 14 日，港府宣佈由 2 月 16 日起，不再限制提款，存戶可以自由及任意提款，因為有 11 億多港幣、連同 200 萬鎊的鎊紙已抵港，所以有足夠的紙幣應付。

同時，市民已明白貨幣不限於紙幣，也知道紙幣的流通量遠比存款為少，所以也不再到銀行提款了。

當年的銀行風潮影響香港經濟甚大，使 1965 年港府的財政收支出現赤字 1 億 3742 萬元，亦使全港經濟衰退。戰後 20 年來，港府只有三個年度財政收支出現赤字：第一次是 1946 年，當年赤字只有 348 萬元；第二次是 1959 年，赤字已經高達 4531 萬元；最後以 1965 年為最大，故 1966 年港府要提高標準稅率以彌補損失，將稅率由 12.5% 提高至 15%。

官地拍賣的收入比 1964 年減少很多，1964 年度拍賣官地收入為 1 億 3297 萬元，風潮之後的 1965 年度，只得 7335 萬元官地收入。而舊樓拆建更加暴跌，1965 年只有 300 餘間舊樓拆建，翌年更慘，只有百餘間拆建而已，導致很多建築工人失業，市面蕭條。

回顧 1965 年銀行擠提風潮，有一定的社會意義，那就是政府對自由經濟作更多的干涉，產生的不良後果就更大。那時政府為了官地無人投買，干涉拆建舊樓，並限制銀行對地產的投資，這許多的干預引起這場風潮。接著是帶來了經濟衰退。

戴麟趾時代的回顧

近十年來香港人的生活水平比起十多年前，可以說是提高了很多，到底提高了多少？很難說個概括。但是如果要找個準則並不困難，我們可以從1964年編製消費物價指數時所訂的標準，就可以看到當時一般小市民生活水平，和現在比較一下，就明白提高了多少。1964年編製消費物價指數時，是把每月開支100元至599元的家庭作為標準而設計的。換句話說，1964年還有那種一個月只有開支100元的家庭。

到1974年再編製新的消費物價指數時，已將古老的消費物價指數取消，新的部分為甲乙兩種指數：甲種是用每月消費400元至1500元的家庭為計算準則，乙種則用每月消費1500元至3000元的家庭為計算準則。稍後，恒生銀行再編一種高級生活水平的消費物價指數，以每月支出3000元至9999元的家庭為計算標準。看這些物價指數的發展過程，便知道生活水平提高到什麼程度了。

第二十四任香港總督戴麟趾

上述這些指數說明：在1964年最貧窮人士每月開支100元，

到 1974 年開支已經要 400 元了。後來，統計處已經宣佈這些指數不能反映物價和真實情況，稍後要再編製新的物價指數。當然，現在最貧窮的人家，每月消費最少也不止 400 元的。

1964 年和 1974 年，恰恰是兩位港督到任不久的時候。就生活水平的角度來看，好像劃分了兩個時代：1974 年以後是港督麥理浩（Sir Murray MacLehose, 1917-2000）時代，而 1964 年以後則是港督戴麟趾時代。將這兩個時代比較一下，麥理浩時代當然比戴麟趾時代好得多。

就生活水平來説：戴麟趾時代一般小家庭還未普遍用電視機，有些家庭有電視機，卻還是黑白電視機，也以原子粒收音機最為普遍；麥理浩時代就不同了，連木屋區都有彩色電視機了。戴麟趾時代大多數的工人都極窮困，那個時候出現過很多風潮，社會連番動盪；而麥理浩時代卻恰恰相反，大多數工人都從窮困中跳出來，社會安定，沒有大型風潮發生。很多人都説香港繁榮安定，但不知這繁榮安定怎樣得來。如果比較一下這兩個時代政府的施政方針，就很容易找出安定繁榮的原因來。

戴麟趾爵士於 1964 年 4 月就職，到 1971 年離任，這一時期稱為戴麟趾時代。麥理浩爵士於 1971 年 11 月 19 日宣誓就職，一直連任至 1982 年，這段時期便稱為麥理浩時代。

銀行擠提風潮前因後果

戴麟趾時代的香港，綜合起來有如下的幾項特點：第一，對自由經濟過分干預；第二，對勞工問題過分保守；第三，對不良社會風氣漠不關心。就是這三項特點，才引發各種風潮及社會動盪。

現在先談第一點。在香港長大的青年人，當會記得 1965 年初發生過一次銀行風潮，這次風潮引致很多大銀行門前排滿了人龍提款，結果導致一間銀行宣佈破產，而若干銀行受到損失。這場風潮是和政府過分干預自由經濟有關的。

查 1963 年開始，香港建築業非常蓬勃，到 1964 年走向高峰。當時建築商推動一項前所未有的分層出售樓花的分期付款方法。這方法自然要得到銀行的支持才能實行。但建築商經營分層樓宇的時候，自然選擇較有利的辦法去經營。當時最有利的辦法是拆舊樓建新樓再分層出售。拆舊樓可以先用建築公司名義買了舊樓，然後與舊樓住客談判補搬遷費，待他們遷出後拆建。這種方法屬於私人物業發展，因不經法庭故不受發展條件限制。正因如此，建築商對於官地拍賣，往往不肯出高價投標。於是官地賣出少，而拆舊樓則多，直接影響政府拍賣官地的收入。

1963 年港府賣地的收入是 2 億 715 萬元，1964 年即降至 1 億 3297 萬元。反觀拆舊樓的數字恰恰相反，1963 年拆建的舊樓為 1050 座，1964 年拆建的共 2110 座，比對這兩組數字，就知道建築商對官地不感興趣，反而熱衷於舊樓拆建。

頒《備忘錄》干預分層樓花市場

當時政府在表面上對這種發展沒有表示不滿，但接二連三頒發很多措施，或視作一種干預自由經濟行動。首先是 1964 年 5 月 30 日，當局對於賣樓花的事，發表一項《備忘錄》，這《備忘錄》當時被譽為保障買樓花者的利益，但既然是保障買樓花者的利益，為什麼不訂定法例保障，而用《備忘錄》的形式出現呢？

該項《備忘錄》的大意是提醒市民在買樓花時，應注意下列各點：①凡在官地拍賣時投得官地建屋分層出售的樓宇，都是經過土地登記官批准的。②經法庭批准拆建的樓宇出售樓花，都是經過土地登記官批准。③不經法庭批准改建的樓宇出售樓花，是未經登記官批准的。④土地登記官雖然批准①及②兩類樓宇分層出售，但並非絕對保證建築商有能力完成其計劃。

《備忘錄》原文太長，不能照錄，但為詳細說明起見，茲引原文中的一段於後：

> 有意購買分層樓宇者應明瞭目前方案之各種限度。土地登記官對於發展者之業務並不進行任何調查，而全靠宣誓書所提供資料，但宣誓書內所列之事實，並不能保證發展者有充分能力來進行他所建議的計劃。

這種措辭的實際意義，只是告訴市民，買由拍賣官地上建築的樓花，以及經法庭批准的拆建舊樓的樓花「較有保障」，對買不經法庭批准的，作為私人發展其物業的樓花則「較無保障」。顯而易見，這《備忘錄》目的在干預正在蓬勃中的私人發展舊樓拆建的自由經濟。這樣，買樓花的市民對那種「較無保障」的樓花便裹足不前。

百子里塌樓再進一步干預

到了 1964 年 6 月 24 日，當天上午 10 時，中環百子里一號，一座舊樓在拆建中倒塌，引致結志街、卑利街、文興里等八幢樓宇成為危樓，當局立即修訂建築條例，成為《1964 年建築（修訂）條例》；該例監管拆建的舊樓，必須檢查其是否安全後方能拆卸。該例生效之後，很多待拆的舊樓就告停工，因為太多待拆建的舊樓，要等待有限的檢查安全的老爺們到來檢查。

這樣就直接影響建築行業，亦間接影響到銀行。當時大部分華資銀行都支持建築商拆建舊樓，其資金是來自市民的存款。由於之前建築業蓬勃發展，利潤可觀，因此若干華資銀行提高利息以吸收存款，且很多都懂得做生意，到工廠區、小市民住宅區去開設分行，吸收儲蓄存款和小額存款。

銀行的自由競爭本來不會出現危機，就算上述的拆建舊樓受到影響，也不易出現危機，那些資金可以慢慢回籠。可是到了 1964 年 12 月 1 日，當局頒佈了一條管制銀行新法例，該條例對銀行貸款給發展商有很多限制，但其中一條尤其與地產有關。大意是：銀行投資地產不得超過資本加公積金 25%，已經投資於地產者，如有不符規定，須在兩年內（即由 1964 年 12 月起，至 1966 年 11 月止）調整妥當。

同時，該例規定銀行與客戶之間，不能互相送禮，或以餽贈方式而爭取生意，甚至連自建行址及職員宿舍也受到限制。顯然是過度干預自由經濟了。

結果，香港便爆發一次銀行風潮。最先受銀行新例影響的明德銀號便自動清盤，其後因而倒閉的廣東信託銀行，以及大部分銀行出現擠提潮。（按：關於該次銀行擠提風潮的前因後果，請參閱〈香港銀行擠提潮的回顧〉。）

勞工政策太保守引起騷動

關於戴麟趾時代的第二個特點，即對勞工問題的過分保守，這是導致 1967 年騷動事件的主要原因。

我們現在先重溫一下當時的一般工資和勞工情況。第二十回《香港年鑑》載有 1966 年的勞工處提供的一般工資的資料，下面是〈一年來香港勞工〉一文結尾的一段：

> 1966 年 3 月，港府在年報中指出：去年（1965 年）不少工人每月獲得加薪三十元。部分僱主供應工友午餐或食物津貼，並給予勤工獎、有薪假期、及年終賞金。
>
> 1966 年 11 月，據勞工處長指出：自 1958 年以來，本港的工資情況普遍轉變頗大，如果以 1958 年的工資情況為一百計算，則目前一般工資情況已增至一百八十八。其遞增數字如次：1958 年一〇〇，1959 年一〇三，1960 年一貳伍，1961 年一貳九、1962 年一三七，1963 年一四三，1964 年一六三，1965 年一七三，1966 年一八八。
>
> 據港府公佈：截至 1965 年底，熟練工人工資，由九

元至廿七元；半熟練工人工資，由五元五角至廿元；非熟練工人工資，由四元四角至十一元。

請看，當時熟練工人的工資起點是每天九元，普通工人的工資只是五元和四元四角，這就難怪上文所說編製物價指數時，以整個家庭 100 元開支為起點了，那時候月薪僅及 100 元的工人比比皆是。以這樣低廉的工資，就算物價如何低廉，工人家庭也只能吃飽肚子而已，一個熟練工人月薪不到 300 元，會有能力買一部電視機或雪櫃？有能力提高他們的生活水平麼？但是，人總是要求不斷改善自己的生活。當電視機大量輸入香港時，所有電視節目不斷由報章上傳播到人們腦海裏，雪櫃的廣告、其他現代化的家庭用具的廣告，不斷吸引人們的注意時，人們都有提高自己生活的要求。這要求在出賣勞力的工人心中，唯一的希望就是增加工資。

但當時政府對於工資的態度，認為香港產品在國際市場上具有競爭力的主要因素正是廉價勞工，由此出現一種強烈的保守思想，以為必須保持廉價勞工。

當時英美很多商務官員都指責香港政府，在勞工政策上不符合文明國家的水平。很多英國國會議員都發表過類似的談話。當時政府雖然也受到一些外來的壓力，但並未完全開放勞工政策，對於工人要求增加工資所引起的工潮，都是站在僱主的立場上去作「調解」，甚至以維持秩序為理由，往往出動警察。這種保守的勞工政策，在 1966 年至 1967 年引起了此起彼落的工潮。

工人普遍要求改善生活而要求增加工資。僱主往往拿出消費物價指數作為增加工資的根據，説 1964 年的物價指數是 100 元，1965 年 102 元，1966 年是 104.7 元，增加工資只能增加 6% 至 8%。改善生活的意義，在政府和僱主都用保守的尺度去量度，以為增加工資只能隨物價而增加。他們不是不知道，這份「物價指數」是從「解決衣食」這一最原始的觀念出發的。工人要求的改善生活，並非只限於衣和食，現代文明亦並非只解決衣食即可。工潮的此起彼伏，往往又被當局以高壓的手段壓平下去，因此煽動普遍工人的不滿情緒。

其後終於爆發出 1967 年的騷動事件。

貪污、黃、賭、毒使社會貧困

至於戴麟趾時代的第三個特點，即對不良社會風氣漠不關心。這一特點主要源於貪污風氣盛行，吸毒和賭博幾乎是公開性的活動，色情活動也是一樣。

那個時代隨處可以見到各種公開營業的色情架步。這些色情架步的名目很多，如「健康中心」、「三溫暖」、「酒帘」、「浴池」等等。吸毒和賭毒的情形更加公開化。那時候，白粉每包五毫起碼，幾乎每一區都有白粉檔，吸毒者到處可吸毒，很多市民的住宅樓梯上，都是白粉道人追龍的場所。香港在這個時代，被世界指責為國際販毒中心。隨著賭博風氣更為盛行，每一區都有很多公開的賭窟，字花檔擺在路邊，公開收字花，外圍狗馬更大行其道。這些社會上的不良風氣，因著貪污風氣盛行而更加公開化。

社會財富被貪官侵蝕，被色情販子、毒販、賭販不停吸啜。縱使政府後期不斷修正政策，例如修正對自由經濟的干預，經1967年騷動後修正了勞工政策，開放了工資制度，亦訂立了些勞工法例，並宣佈勞工假期等等。但是，這些吸啜社會財富的魔鬼四出張牙舞爪，使大部分市民因上述的改革而得到的利益，都流到這群魔鬼的口袋裏。試問在那個時代，生活水平怎能大大地改善呢？

時值香港黃、賭、毒風氣盛行，更需要執法人員打擊罪惡。

區議會史話

區議會是根據近年（按：1980 年代）的《地立行政白皮書》的建議而成立的，作為新生事物，何來「史話」呢？相信關心香港事務的年青人，會對這篇「香港掌故」的題目有所懷疑。

「區議會」不是憑空想出來的

筆者向來認為：香港的事物都有其發展過程，區議會也是一樣，它不是憑空設想出來的，而是香港歷史的產物，而且其形式早於數十年前已經存在。現在區議會的整個體系，不過是將已存在的「區議會」加以擴大和注入新的內容而已。

找出區議會的根，就構成區議會的歷史和它的發展過程，這就是區議會的史話。

很多人覺得區議會是「地方政府」，因此以為區議會發源於「楊慕琦計劃」，其實這是不實際的。「楊慕琦計劃」只是英國人早已提出的自治政府的雛形計劃，而且他們提出自治也不是始於楊慕琦（Sir Mark Aitchison Young, 1886-1974）。早於 1894 年，在羅便臣任港督時已經提出過，而且用一種群眾運動的形式提出。

香港雖然由英軍打敗了清兵而得來，但是能夠發展成為一個遠東的商港，很多英國商人認為不是英國政府的功勞，功勞而是歸於在本地經商的英國商人。他們認為英國政府不過用大炮打開了這個荒島，實際上把荒島建成美麗商港的，便是英國商人的力量。因此自1844年由戴維斯建立香港法律制度開始，在香港經商的英人，包括其他洋人在內，就希望爭取更大的權力管理香港。而香港政府初期卻極少給予他們參政的權利。

是這樣的背景，使香港英商長期以來，要求香港成為一個自治的政府，他們並非要求由香港全體居民自治，而是由英籍香港人自治。此種「自治政府」的形式，在香港從未實現過，但二十世紀六十年代的南非卻實現了這種形式的「自治政府」。因此，那時自治政府的模式，並不是往後區議會的格式，是南非式的「自治」模式。

馬沅在《香港政治制度考略》中寫道：

> 1894年4月本港居民嘗上書英國眾議院及英廷，要求香港地方自治及再將立法委員會改組。呈文於是年6月5日由當任總督威霖羅便臣（William Robinson）代為轉達。措詞大意：（甲）香港立法委員會人民代表，應予以絕對自由選舉權。（乙）立法委員會人民代表名額應比有官守委員佔多數。（丙）無官守委員人民代表在議席上應予以言論及表決之絕對自由權。（丁）立法委員會有支配地方全部行政經費權。（戊）立法委員會有管理地方一切事務權。（己）凡關於英國及香港間問題。立法委員會有儘先參與討論然後執行之權。
>
> 是年8月23日接據理藩院大臣李垣公爵（Lord Ripon）復示：以香港不能捨棄英國殖民地地位。所持理由謂港地人口以華僑佔大多數，在現目情勢之下，應維

持原有政治制度。茲特提出三項計劃俾資考慮：(一) 增加立法委員會無官守委員名額。(二) 行政委員會應否設置無官守委員。(三) 設立市政委員會。惟對於第一項，如增加立法委員會無官守委員，應並增加官守委員。對於第二項，則以香港未設市政委員會，行政委員會設置人民代表席，自無不可。然不必予以固定之委任，遇有若何事件需要時方許列席。其他機密事件人民代表毋須列席。至對於第三項，認為有兩種困難：一以設立市政委員會原屬需要之圖，但於現在地方行政法制不得有所變更，且須俟現目事件得到解決暨地方衛生設備業有保障之後，方能設立。二以將來市政委員會應與地方政府劃清權限，使免發生抵觸。上述兩項困難，如能得到解決，則設立此項市政委員會，不妨由政府加以考慮進行辦理等情。

香港總督旋復接繼任理藩院大臣參伯連 (Mr. Chamberlain) 於同年 5 月 29 日來諭，亦謂香港人民要求地方自治，擬取消殖民地制度，此事必難實現。然對於行政立法兩會委員問題，可以略予變更。將來遇總督在假或卸職離港，依向來法制，由駐防英軍總司令代理政務時得並兼任立法委員會主席。此後人民代表亦可酌加一席。至關於行政方面，香港政府既兼理市政事務，自不必另設市政委員會。但行政委員會得設置人民代表二席，由總督遴選委任之。同時並附帶說明兩項意見，大致謂香港華僑既佔當地人口之大部分，迺華僑代表僅佔一席，其於華僑利益頗受影響，應並體察情形增加代表名額，使能與該地英人通力合作，以謀地方福利及一切事業之進展。至將來行政委員會之無官守委員應就立法委員中遴選會無官守委員委任之。委員人選問題不可有種族階級之分，但須以在地方上具有功勳德望素孚而實心任事者，由當地總督自行裁奪加以委任可也。

楊慕琦計劃並非區議會藍本

必須指出，所謂「本港居民」並不包括華人在內，那時在港的英人自稱為本港真正的居民，華人不過是移民而已。所以他們的「自治」，是另一種形式的自治。

作為殖民管治的政府，只能用擴大非官守議員的席位，來滿足這些英人參政的願望。第二次世界大戰結束後，楊慕琦因為鑑於中國人抗戰勝利之後，愛國情緒高漲，香港的地位會有動搖的一天，才拋出了改革政制的計劃。這就是所謂「楊慕琦計劃」，這個計劃後來就成為組織市政局的藍本，並非現時的區議會。

究竟區議會的根，來自何處呢？

1899 年 4 月 16 日，香港政府根據和滿清政府新立的《展拓香港界址專條》，到新界去接收大片拓展的土地。當時由警察首長軒利．梅和輔政司駱克前去接收，在大埔墟行升旗禮，不料被當地的鄉民群起攻擊，軒利．梅曾被困在大埔的高地上，後來獲得英艦「名譽」號運來大批英軍，從吐露港駛入大埔，發炮進攻，才

租界農工商業研究總會會長李仲莊

1899 年，吉慶圍的閘門曾被英軍移走，直至 1925 年始獲歸還。

解了圍。其後鄉人繼續和英軍交戰，英軍攻入了吉慶圍，把吉慶圍的鐵門掠走。這段掌故，相信讀者都已耳熟能詳，不必細表。

1899 年接收新界時遭到鄉人反抗，雖然為時甚短，但這種反抗行為，卻為新界各村村民帶來了不少利益。從前很多香港史學家把當時大埔七約鄉民反抗英方接收新界，以及錦田和吉慶圍的反抗行為，説成是受人煽動，或稱為無意義行為，其實這種行為不但有意義，而且也替今日的區議會建立了基礎。

新界鄉民反抗　英官實行宣撫

當年用武力鎮壓了鄉民反抗之後，總督卜力爵士、輔政司駱克、警察司軒利．梅都認為統治新界，不能用統治香港和九龍的方法來辦。新界有數百條鄉村，有十萬人口，地區廣闊，與香港開埠初期的情形完全不同。香港開埠之初，港島只得幾條鄉村、數千人口，城市是在嚴格管理下建設起來，建立了社會秩序和法制之後，人口才從各處移來，他們便要守當時的新立法。而新界原已有墟市、有鄉村、有它的社會秩序，強迫這十萬多人拋開他們的社會秩序去遵守新的社會秩序，不是武力鎮壓所能辦得到。因此，他們在平定反抗行為之後，到各鄉村去訪問各鄉的鄉長，進行「宣撫」工作。答應承認各鄉鄉長的合法地位，請各鄉長協助推行政府的政策。各鄉村鄉長的地位被承認之後，各項政策才能順利推行。

鄉村的鄉長多為族中的父老，在村中有號召力。當年駱克和軒利・梅亦看到反抗接收新界的行為，全部是由鄉中父老組織起來的。這些父老認為各鄉村被接收，就什麼都沒有了，故而起來反抗，及知道自身的地位受到尊重，港府又承認鄉人所擁有的鄉村屋宇和土地的私有權，於是便肯妥協合作。

港督卜力的報告書

卜力爵士於 1903 年離任之前，曾發表接收新界及任內對管治新界的報告書。該報告書刊於 1903 年 8 月的《香港政府公報》上。其中一節云：

> 接收新界租借地，原定 1899 年 4 月 17 日舉行，臨時提前一日接收，經於 16 日在大埔豎立英國旗。當時有一部分民眾受人煽動至與英軍作敵對行為，尤幸此次事變為時甚暫，旋以武力實施制裁，不致妨害地方治安影響大局。關於此事，前次報告業經詳細奉陳，茲不再贅。新界歸併香港管轄，四年以來，海陸盜匪勢頗披猖，此等案件不斷發見。而鄉族之間，又每因農田水利發生爭訟，鄉人不事排難解紛，動輒以鄉族勢力大小為從違，使小族者往往負屈難伸，無可投訴。當任輔政司駱克於勘定亂變後躬赴各鄉村視察並任宣撫，而小族鄉人嘗提出請求，希望政府予以實力保護，免再受大族者之壓迫。上述兩事，若盜賊之勦除，若制防鄉人以強凌弱，

是為政府第一步工作，蓋所以維護地方治安與維繫鄉族間之感情也。

關於治匪工作。現經調遣陸軍分駐一帶要衝，並充實警隊守護力，軍警通力合作，聯隊出任逡巡。在大埔墟設總警署，敷設電話與香港九龍各警署聯絡，此為維護該地治安之設施也。關於治民工作，新界全部地方劃分 8 區 47 分區，鄉村耆老，德望所歸，則委為各區長老，而負約束子弟之責，遇有糾紛事件則予以審斷之權。同時由輔政司駱克統制監視。此項司法自治制度原甚完善，惟各區耆老多不願負起責任，遇事必須請示輔政司，嗣另委夏理德（E. R. Hallifax）為警察裁判司，然其審判工作大部分屬於仲裁性質者，此該地執行司法審判之大略情形也。

從卜力爵士的報告書可以見到，當時是基於協助維持治安（防盜）及推行政策（土地大量和登記）以及防止各鄉以強凌弱，對於「鄉村耆老」，「德望所歸」者「委為各區長老」，就是承認各鄉的鄉長的地位。

各鄉的鄉長向來由鄉人選出。鄉長的地位被承認，鄉公所的地位自然也承認，亦承認了鄉人有選出鄉長的權力。所以，香港開埠百餘年來，住在港九市區的市民，從無選舉市民代表的權利，但在新界納入香港版圖之初，新界村民便已有選出他們的代表之權利。

當然，初期新界鄉村的村民代表不像今日那樣，只由鄉中的

租界農工商業研究總會的兩位創辦人兼副會長：左為鄧煒堂，右為楊國瑞。

當時贊助籌建大埔鄉議局的熱心人士：左為鄧伯裘，右為凌善忠。

彭樂三，新界鄉議局第二、第三、第五、第九屆局長。

鄧勷臣，曾任第六、第七屆鄉議局局長。

地主和有勢力的人選出的，但形式上仍是選出來的代表。同時，這種村民代表的合法資格又要經過理民府的承認，才能成為正式的代表。但無論怎樣，總比港九市區的立法局非官守議員由政府選任，更能代表民意。

從前很多近代史家諷刺這些鄉村代表為帝國主義者的走狗。這種諷刺只是那些近代史家缺乏到新界農村去作實地考察而作出來的。假如他們在新界鄉村內生活過一個時期，接觸村內的事務，就知道村民代表的工作，對「帝國主義」的利益維護得較少，而維護本村的利益則較大。

當 1905 年立法局通過興建九廣鐵路英段的時候，鐵路大部分路軌都在新界鋪設，當時免不了損害村民的利益，假如要填平若干田地等等，村民代表就成為代表鄉人的代表，到理民府去力爭賠償，這種爭取賠償的行為已成習慣，並且被承認為合法的權利。

1923 年，港府宣佈一項損害新界村民利益的土地政策，其限制新界鄉村不能在契約農地之上建屋，把新界鄉村的土地，分成屋地及農地兩種：屋地即指原已建屋之地，農地即指種植植物的土地。這種土地政策，無異限制各鄉不能再建屋宇。鄉村的人口也是逐年增加，以前的世代都是當兒孫長大結婚後，有能力的就另建新屋居住，此政策漠視鄉民的人口增加、建屋亦增加的自然權利，因此鄉人群起反對。於是由鄉村的村民代表，召集組織一個名叫「租界農工商業研究總會」的組織，作為向港府反對新的土地政策的團體。

「租界農工商業研究總會」的組織經過是這樣的：1923 年 6 月，荃灣鄉紳楊國瑞（1871-1941）、上水鄉紳李仲莊、元朗鄉紳鄧偉堂等三人，表示港府這項宣佈，等於限制鄉村發展，違背了傳統。我們中國的鄉村，向來都是由三家村而五家村，漸漸發展成為大鄉村的。港府的政策無異限制三家村永遠是三家村，這是不合理的，應該起來反對。他召集村民代表到太和市（按：即大埔墟）來開會，當日有沙頭角區代表李善餘、李伯因、黃顯楣、莫有倫四人。上水區有陳秉鑑、黃建文、廖宗南、黃熾南、彭樂三等五人。元朗區有蔡寶田、林煥池、鄧伯裘、黎伯福、楊焯南、李渭流、伍醒池、鄧英生等八人。大埔區有俞宏波、馬耀田、鄧勳臣、林伯如、張義恩、李榮騰及文族父老三人共九人。沙田區有黃榮臣、曾廣龍二人。西貢區有李源輝、凌善忠、陳義光等三人。荃灣區有傅桐華一人。連日三位發起召集人共 35 人。當時大家一致通過，組織一個會來作為團結的整體。至於這個會的命名曾引起爭論，但結果通過了用「租界農工商業研究總會」的名義。

使用「農工商」三字的理由，亦足以說明到了1923年時，新界各鄉村村民依賴大地主租佃耕地的比重已大為減少，很多鄉人已從事商業，或作手工業和小型工業。因他們都各有自己的鄉村，有共同的利益，不管從事什麼行業，他們在鄉村也都有要求增建屋宇之權。同時，為了使這個會能廣泛代表新界的民意，除村民代表可以成為當然會員之外，新界的工商界賢達亦可加入為會員。

新界鄉議局的舊址（1925年建於大埔）

新界公立小學校

茲收到

翁樂助本校開辦設備經費港紙銀　千

百　拾　元正除將姓名列誌禮堂內並

分別推爲學董及名譽學董外再立此條爲據

創辦臨時主任　李仲莊

校長　張友仁

經手人

中華民國十五年一月　日

新界公立小學校（大埔崇德學校的前身）籌款創辦時的收據式樣

「租界農工商業研究總會」成立後，立即向理民府反映他們反對新界的新土地政策。當局見鄉人群起反對，不能不中止進行。

於 1924 年，「租界農工商業研究總會」創辦崇德學校。校址就在該會的會址上，是大埔歷史上第一間學校。

金文泰辦理田土登記

1925 年本港爆發了省港大罷工。港督史塔士（Sir Reginald Edward Stubbs, 1876-1947）無法解決罷工帶來的各項問題。英國不能不改任金文泰來港出任總督。金文泰（Sir Cecil Clementi, 1875-1947）於 1899 年時在港工作，他會說華語，和香港各界人士相識多年。特別是對新界鄉村代表和鄉紳認識甚深，並且留下好印象。當駱克和軒利・梅接收新界的時候，金文泰便以文職人員的身份參加接收工作。長期在田土所任職（按：田土所是俗稱，正名應為新界土地測量處），他的辦公地點在大埔。當時新界村民，人人都認識「大埔金大人」，而不知他叫金文泰。

當時被稱為「大埔金大人」的金文泰

為什麼人人認識「大埔金大人」呢？因 1899 年接收新界之後，各鄉村上自鄉紳下至小農，都要到田土所去辦理換契手續，田土所的工作是測量屋地和農地，以確定地契的面積和所在地段。從前的地契是清朝的紅白二契，契上所制出的地段和面積，都不符合港府編製的地圖，故此需要測量，這也是當時設立新界土地測量處的原因。由於這個機關辦理田土地形，故鄉人名之為田工所。金文泰為鄉人辦理田土登記事宜，是以人人都認識「大埔金大人」。

光緒三十二年（1906 年）前，船灣和八仙嶺各鄉村到大埔去趁墟，必須涉水步過新娘潭上的一條山坑石澗。在旱季時涉水而過較易，若在雨季，山坑石澗水深過腹，就不容易越過。倘若遇著山洪暴發時，還會把人畜沖往山下的潭中。相傳有一年，烏蛟騰村人迎親，花轎載了新娘經過這石澗，突然山洪暴發，把花轎沖下潭中，轎夫因緊抓山石而不死，但轎內的新娘無法打開轎門逃生，活生生被溺死了，因此後人把這個潭名為新娘潭。

1905 年，當地鄉人提議建一石橋於山坑石澗之上，以免再發生不幸的事，並且便利鄉人到大埔去趁墟及登記田土契約，此橋就命名為新娘橋。當時金文泰響應這項建橋運動，捐了 200 元作為倡導。新娘石橋建成時，刻石立碑於橋側，這塊《新娘橋石碑》現仍保存，但字跡已很模糊，不過「大埔金大人樂助工金弍百元」的字跡仍是清楚。

筆者特地談到「大埔金大人」捐款助建新娘橋這個掌故，固然由於增加趣味，但亦和區議會史話有關係，畢竟金文泰是將大埔「租界農工商業研究總會」改為「新界鄉議局」的人。

1925 年爆發了省港大罷工，香港人口急劇減少，工商業陷於停頓，在廣州的罷工委員會封鎖香港。當時香港最成問題的在於

香港華人紳商送別金文泰的萬民傘，傘上竟繡有「愷悌君子，民之父母」等字樣，一時傳為笑柄。（攝於 1930 年）

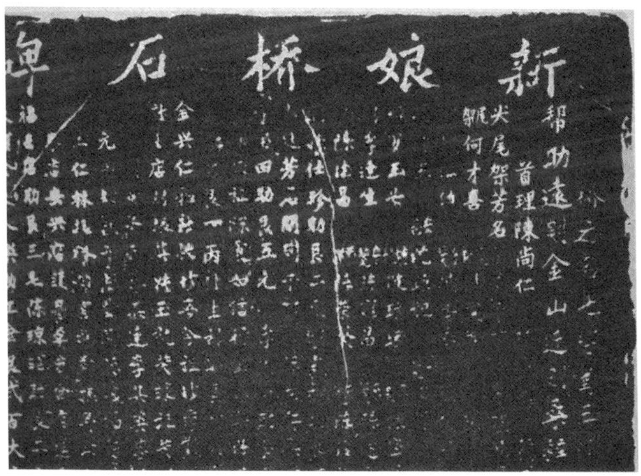

這是《新娘橋石碑》上的部分碑文。碑文記錄了當時所有捐助者的名單，包括當時任理民官的金文泰在內。

新娘潭石橋工程於清光緒三十二年（1906 年）落成，並立石碑以作留念。

糧食，除食米之外，蔬菜、雞、鴨、豬肉、牛肉等副食品，過去全部靠東西江各地運來，當時來源斷絕，非設法謀求解決不可。

金文泰在同年 11 月 1 日抵港就任總督，他認為解決香港的糧食恐慌並不困難，只要他去新界一次，新界各鄉村一定支持香港政府，增加生產蔬菜、雞、鴨、豬、牛。「大埔金大人」在新界鄉民心目中向有好感，他極有把握。

但當時的教育司活雅倫（Alan Eustace Wood, 1884-1958），新界北約理民官傅瑞（John Alexander Fraser, 1896-1943）勸金文泰不要到新界去，因為新界有一個「農會」和「工會」性質的組織，恐怕會對總督不利。1925 年正處於國共合作時期，內地成立很多農會和工會，外國人聽到農會和工會的名字，就認為是反帝的組織。活雅倫和傅瑞把「租界農工商業研究總會」，看成和內地搞群眾運動的農會和工會一樣，故有這一勸告。

金文泰自信不會有危險，決定親自到大埔去。「大埔金大人」果然名不虛傳，「租界農工商業研究總會」的村民代表和全體會員，都支持他的號召，把蔬菜、雞、牛、豬、鴨等副食品盡量運出香港，同時全力增加生產。在省港大罷工間最困難的時期，香港的糧食全靠新界鄉人供應。

金文泰為了對新界鄉人表示謝意，做了兩件好事：第一件事是將 1899 年被英軍搶走吉慶圍的連環大鐵門送回原址，第二件事是叫新界鄉村代表將「租界農工商業研究總會」，改名為「新界鄉議局」，並且認可「新界鄉議局」為政府在新界施行新政策時的諮詢團體，這就是「新界鄉議局」的由來。

1930 年 1 月，香港紳士歡送金文泰赴任新加坡總督時攝。
圖右起：普樂夫人、周壽臣、金文泰夫人、金文泰、普樂爵士、周壽臣夫人。

筆者手頭上有一份早期的《新界鄉議局組織章程》，以下錄出供大家參考：

早期的《新界鄉議局組織章程》

（第一章）總則：第一條：本局定名為新界鄉議局。第二條：本局設在新界大埔墟崇德街六至八號二樓。

（第二章）宗旨與任務：第三條：本局以聯絡新界各區人士，維持地方風化，增進社會福利，及溝通官民情感為宗旨。第四條：本局之任務如左：甲，有關地方利弊與興革事宜，提向政府建議。乙，有關地方之公益事業，盡力提倡或領導推進。丙，凡關於鄉民糾紛，經該區鄉會調解罔效而投訴本局者，得隨時傳局進行調解之。

（第三章）局員：第五條：凡現任新界各鄉村之村代表，得為本局基本局員。第六條：凡新界地方之賢達由該區村代表推舉，經本局審查認可者，亦得為本局員。

第七條：本局員有左列事項之一者，得由本局委員會議決除名：一，違反現行法律之行為者；二，妨害本局名譽經查實有據者。第八條：本局局員有左列之權利：一，有選舉權被選權及建議權。二，享受本局應有之利益。第九條：本局局員應負左列之義務：一，遵守本局局章及議決案；二，共同負擔本局之經費。第十條：凡局員有違反本局章程之行為者，則分別輕重，停

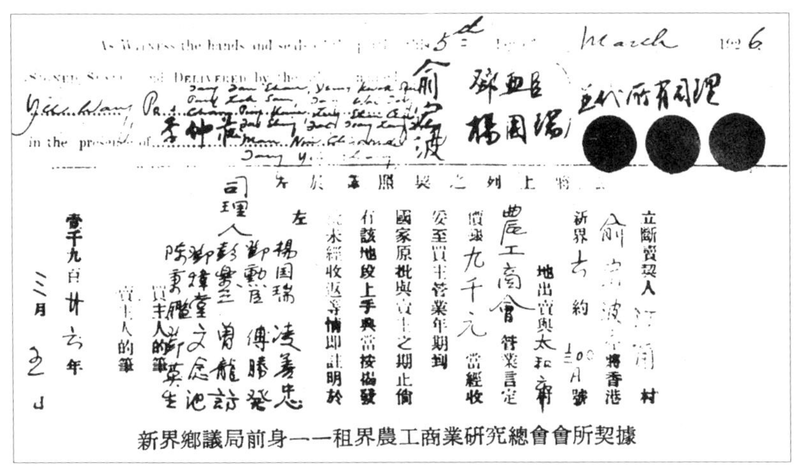

新界鄉議局前身——租界農工商業研究總會會所契據

新界鄉議局的前身——租界農工商業研究總會會所的契據。

止其應享之權利與義務。

（第四章）組織：第十一條：本局設執行委員廿四名，監察委員十三名，執監委員由區委員互遴。第十二條：執委會設主席一人，副主席二名，下設總務，財務二部，內設職員若干名，均由常務委員互選充任之。第拾叁條：本局設顧問若干人，由常務委員敦聘協理會務。第十四條：本局職員任期兩年，得連選連任。第｜五條：本局以局員推選之區委員會為最高權力機關，閉會期間由執委會處理會務，監委會監察會務。

（第五章）職權：第十六條：執行委員職權如下：一，計劃發展本局宗旨與任務有關事項；二，籌措經費；三，處理地方上有關重要事項；四，研究地方施政興革事項。第十七條：監察委員職權如左：一，審計財政收支；二，檢查委會有無越權或瀆職事宜；三，處理執委會交議事宜；四，其他有關監察事項。

（第六章）選舉：第十八條：每次選舉由區委大會組織委員會籌備一切選舉事宜。第十九條：局員參加選舉，須領有本局之選舉票公開選舉。

（第七章）會議：第二十條：本局分區委員大會，常務委員會議及臨時會議三種，均由執委會召集之。第廿一條：各區委員大會三個月舉行一次；常務委員會議每一個月舉行一次；臨時會議在必要時，由主席或常委十名以上聯名請求者得召開之。第廿二條：凡會議出席者足法定人數時，可進行討論一切議決案。第廿三條：會議時以正主席為主席，如正主席缺席時，由副主席代之，如正副主席均缺席時，則由常委臨時推選充當之。

（第八章）經費：第廿四條：本局之經常費，由局員及各區委員負擔如下：局員常年費三元，區委員廿元，常務委員四十元，如遇不敷或必需款時，由常委會議決籌措之。

（第九章）附則：第廿五條：執監委會及各部門辦事細則另定之。第廿六條：本章程由區委員大會通過之日起實施。第廿七條：本章程如有未盡善處，得由區委員大會修正或補充之。

區議會借鏡於鄉議局？

看過《新界鄉議局組織章程》的內容後，相信沒有人會懷疑，目前區議會的職權和組織模式，有不少和鄉議局相脗合，也可以從這份章程上找到了區議會的根。

研究香港歷史的意義，不在於敘述已經過去的故事，而在於找尋眼前新事物的根。找到了根，對最近新生的事物的真正意義就更易了解，否則容易被新事物所迷惑。

很多人評論區議會沒有決策之議，視之為假民主的點綴品。這是因為他們沒有研究香港掌故的緣故。試看區議會的民選議員的性質，不是和鄉議局的村民代表一樣是由民選選出來的麼？鄉議局不是一個只限於諮詢和協助政府執行政令的機構麼？它的性質正和區議會相似。

租界農工商業研究總會會員證書

茲有
西貢區大望仔村
曾戊
先生照章捐資為
本會會員合行發
給證書以昭信守
此證
正會長
副會長
中華民國
日給發

租界農工商業研究總會之會員證書

但是，如果你不斷留心近幾年在新界所發生的事，就知道一個諮詢機構，會影響政府的決策。只要各成員肯去爭取，就會發揮左右決策的力量，而且能為公眾爭取各種權利。

如果鄉議局的成員不為鄉民爭取權利，各村民代表不努力的話，恐怕建築船灣淡水湖時，在大埔不會建很多樓宇，按村民的丁口逐口分配，作為賠償給村民了。政府急劇發展新界，村民極力維護自己的權益，產生了很多換地的方式，有現金賠償、換地權益書等等。如果沒有鄉議局，誰去爭取這些權利呢？

所以區議會的職權，不在於有無決策權力。權力是要去爭取才有的，不去爭，誰給權力呢？因此，身為區議會的民選議員，必須認真反映區內的市民意見，大家一致照大多數市民意見提出建議，就會影響政府的決策。這就得到了決策之權，正如鄉議局所能做到的一樣。

香港婚姻制度的變革

香港雖然是個洋化氣味很濃厚的都市，但由於居民大多數是華人，仍能保持很多漢化的傳統。例如男婚女嫁，仍然是保持在農閒時的冬季去進行，每年農曆重陽節以後，直到 12 月尾，都是婚嫁的旺季。同時還保留著擺喜酒的習慣，還有嫁女時派禮餅，娶媳婦的吃燒豬的風俗等等。

香港現時的婚姻制度是一夫一妻制，而且於 1971 年 10 月 7 日開始，取消了以前根據《大清律例》的妾侍地位。有錢人再不能娶妾侍，娶妾侍即重婚。人們都知道到婚姻註冊處去辦結婚手續，港九新界共有 16 個婚姻註冊處。1977 年，有 3 萬 7881 對新人在婚姻註冊處舉行婚禮，大多數都是在秋冬季節舉行，這段時間是婚姻註冊官最忙碌的時候。

第一條婚姻法及第一位註冊官

婚姻是社會活動的一部分。香港在開埠初期，並未注意到這種活動，是以沒有制訂婚姻法。這是由於開埠初期，在香港的英人大部分是軍人，政務人員大多數都已婚，他們也不會考慮在香港結婚之故。至於在香港的華人，由於《中英條約》規定香港尊重華人風俗習慣的緣故，他們仍本傳統的儀式進行婚嫁，是以在開埠最初十年，香港並無婚姻法。

到了 1852 年，香港已形成一個商埠，華人來港謀生的固然很多，而英人來港的亦不少。在英人的社會裏，自自然然就有婚姻活動，這就需要制訂婚姻法了。

1852 年 3 月 16 日，香港產生了有史以來的第一條婚姻法，名為《香港婚姻條例》，並委出第一位婚姻註冊官。當任港督佐治般咸（Sir Samuel George Bonham, 1803-1863）看中了原任職於政府審計處的書記愛德華摩根（Edward Morgan, 1879-1970），委任他負責全港的婚姻註冊。當年的婚姻條例，主要意義在於承認在港結婚的外國人的合法地位，其合法權利有如在英國結婚一樣。當時的條例規定，牧師是合法的證婚人，在教堂舉行婚禮，由牧師證婚，即屬合法。

有一件頗為有趣的事，發生於數年之後。原來當時在港的牧師並不多，牧師既為合法的證婚人，他們視為奇貨可居，對於婚姻證婚收費竟然不斷加價，引起在港的英人不滿，要求政府禁止牧師濫收證婚費，但是並無結果。終於，有很多知名人士聯名上書輔政司，要求取締牧師濫收證婚費。輔政司把這個責任交給當任總檢察官安士迪進行調查。

輔政司是在 1858 年 2 月 15 日寫信給安士迪的，安士迪於 2 月 17 日覆函給輔政司。原函譯文如下：

> 承詢牧師收受證婚費用事，並夾示香港基督會主教史蔑夫本月十五日來書。附列關繫意見，均悉。竊以英國婚姻習慣。牧師為人證婚，有收受證婚費之權利。唯在本港開闢未久，乃無歷史成例或習慣可稽，本港而

> 言，鄙意以為徵收證婚費，既非香港法制所許，但法律又無制止自由贈與之條。自不能加以取締。然不應有強求或勒收之所為。惟此屬於道義問題，要在乎證婚人自身之覺悟耳。

完整的婚姻法在 1875 年

安士迪是一位不怕權貴的總檢察官，筆者曾多次提及他的為人。他是在香港第一個敢於檢舉貪官的人，他的信公開發表之後，牧師們果然自覺自悟地減低收費。

1852 年的婚姻法，顯然不足以應付日益繁榮的香港社會。因為它的主要作用在於給予英人婚姻的合法權利，未能普及全港市民。故此到了人口日增的 1875 年，港府才修改婚姻法，使之連華人也包括在內。

1875 年公佈的《婚姻條例》，由 1876 年 3 月 1 日起施行。這條條例以後即成為現行法例，其中經過百餘年，亦經多次修正，但仍保存所有的原則。

1875 年的《婚姻條例》內容共 38 條，附表六張，是一條十分完備的婚姻法。它的大意是：港督有權指定若干教堂或公共場所可舉行婚禮，並有權指定若干牧師為合法證婚人。同時規定，婚姻註冊處可舉行婚禮，註冊官可作證婚人。此外規定，直系血統男女不能結婚，16 歲以下不許結婚。17 歲至 20 歲結婚的男女須得家長或監護人同意方能結婚，如在教堂及合法結婚場所結婚，證婚人必須於七天之內向註冊官報告，並呈交結婚證書副本以便登記註冊。

此外，規定凡準備結婚的男女，先到婚姻註冊處填寫申請表，申請表是免費供應的。雙方填報申請表後，註冊官須將雙方姓名地址在註冊處內張貼，以便其他人士提出反對，避免重婚及騙婚等事發生。如果有人反對這項婚姻，可由高等法院審判，判決後即成為最後判決，如判准結婚，註冊官即可為他們舉行正式婚禮。

該條例並照顧到中國傳統的婚姻習慣，承認「非基督教人士，依照其本身信奉之法律禮教結婚者」亦屬合法。（該條例第 37 條 A）

下面是當時註冊結婚的收費表，可供參考：

申請結婚書	免費
核准結婚證	一元
檢查冊籍費	一元
謄本簽證費每份	一元
補發登記證費不逾十年期間者	五元
補發登記證費逾十年期間者	十元
訓令登記官簽發核准證執照費	十元
特別執照費	五十元
在登記處舉行結婚費用	十元

今天看來，上面的收費很便宜，差不多算是象徵式的收費。

但在當時，一元可以買到很多東西，在窮人可以維持一星期的口糧，是以該條例第 36 條規定：婚姻註冊官如認為結婚當事人確實貧寒，可以減收費用，或者豁免全部費用。

該例第 21 條詳細規定在婚姻註冊處內舉行婚禮的程序，其程序如下：

> 登記官先向結婚當事人致詞如次：
>
> 「要知汝倆男某甲女某乙在此時此地當在座眾賓之前彼此公開結為夫婦，復宣誓簽名為證。汝倆雖未另行其他民間禮習或宗教儀式之婚禮，彼此現已依法成婚，須知汝倆有生之年，除經由法律上判准離異外，此段婚姻永世不能離析。汝倆之中，若有於彼此生存在世而此段婚姻繼續有效之日或生異心重行婚嫁者，是已成立重婚罪，可受法律嚴重裁判」。
>
> 結婚當事人須互相致詞如次：「予某某婚娶，以某某為合法妻（或夫）。請在座諸君為我倆見證。」
>
> 前項儀式舉行竣事，當由婚姻登記官，結婚當事人，及見證人等，依照結婚證書格式及上述法規分在正副本內簽名。
>
> 登記官當將正本遞交結婚當事人收執，其副本則存登記處備案。

這樣的結婚儀式，一直保持到現在。今天到婚姻註冊處結婚的新人們，可曾知道這是百多年前已確定下來的制度？

第一對在註冊處成婚的華人夫婦

雖然 1876 年已有完善的婚姻法，但華人仍本自己的風俗習慣結婚，是以婚姻註冊處雖成立了 20 年多，並無華人辦理結婚註冊的紀錄。

第一對華人在婚姻註冊處結婚的，是陳紹祺和凌七妹。他們可以說是華人到婚姻註冊處去結婚的「鼻祖」。根據歷史資料記載，陳紹祺是陳大光的兒子，陳大光於 1875 年至 1878 年間在香港高等法院任傳譯員及書記兩職。當 1876 年實施新的婚姻法時，他的兒子陳紹祺已憑媒說合，與凌七妹定親。當時高等法院內的中西同事，慫恿他將來娶媳婦時，到婚姻註冊處去結婚，用以表示新的婚姻法適合華人。陳大光於是就決定下來。

1877 年 6 月 7 日，高等法院樓下，當時是婚姻註冊官辦公地點，已經擠滿了中西士女到來觀光。一座七彩繽紛的花轎，由鼓吹手帶引到婚姻註冊處門前，新郎穿上滿清的官員制服、簪花掛紅，打開轎門，把新娘接了出來。新娘穿的是傳統的顧繡裙褂、鳳冠霞帔，在新郎陪伴下步入婚姻註冊處。當時主禮的婚姻註冊官是約翰芝勒，依照上述的程序致詞，行禮如儀，宣誓簽字，極一時之盛。

自此之後，開始有華人到婚姻註冊處結婚，但是為數很少。進入民國時期後稍為增加，不過仍然沒有現今的普遍。當 1932 年時，婚姻註冊處宣佈是年有 122 對華人在該處舉行婚禮，已視為破紀錄的大事，報章一律以顯著位置刊登這消息。足見從前到婚姻註冊處註冊結婚的華人是很少數的。

婚禮進行之次序

1935 年，香港歷史上第一次集體結婚，圖為 11 對新人集體合照。

香港是華洋雜處的社會，異國情鴛式的婚姻極為普遍。自 1876 年後，已有很多異國婚姻經註冊官證婚。當時既有西人娶華人女子為妻，也有華人娶英籍女子為妻。他們的婚姻，或在教堂，或在婚姻註冊處舉行婚禮。

關於華人娶英籍女子為妻，而在香港遭本夫遺棄的事，可說從未發生。但在上海，則時有所聞。1898 年 1 月 21 日，香港《孖剌西報》刊出一段新聞，大意說有四名英國女子，在倫敦和四名華人男子結婚，及一併回國至上海，不幸被丈夫遺棄，以至流落滬濱，生活無著，其中一英籍女子，是和前駐英中國使館一職員結婚的，因此，前駐英中國使館參贊英人馬加尼勳爵（Sir Halliday Macartney, 1833-1906）應該負責。馬加尼閱報後，致函該報，謂中國駐倫敦使館並無職員與英籍女子結婚，並指出這種國際婚姻是男女雙方自由結合，法律並沒有國籍階級限制，他怎能對此負責。馬氏的覆函，刊於 1898 年 3 月 10 日的《孖剌西報》上。

1892 年英國頒行新婚姻法，香港自然也依據英方婚姻法的原則，制訂新的婚姻法。故 1893 年修正《婚姻條例》，並施行《喪偶續婚條例》。後者因規定配偶死亡後可以續娶，被法律界視為與當時《大清律例》的髮妻亡故後，妾侍可扶正為繼室的法律相似，頗受當時華人富豪們歡迎。

這時，婚姻註冊處十分清閒，港府為了減輕支出，便把婚姻註冊處裁撤，由總登記官兼任婚姻登記官。後來，總登記官易名為華民政務司，因此有一個頗長的時期，華民政務司負責婚姻登記事宜，又兼理華人婚姻事務，夫妻不和、口角打架，往往便走到華民政務司那裏去，人們以為，華民政務司有責任處理華人婚姻糾紛。

到了 1926 年，港府又恢復婚姻註冊處，被裁撤達 20 年之久的婚姻註冊處的首任婚姻註冊官，由當時的土地局長彼得翟士（Peter Jacks）兼任，於 1927 年 1 月 1 日正式視事。這個管理婚姻註冊的政府機關，從此就一帆風順。它們業務越來越繁榮，支店越開越多。副註冊官也逐年增加，而且不限於英人擔任。

離婚法例遲遲才訂定

婚姻並不是絕對美滿的，有結婚自然也會有離婚，但香港的合法離婚出現得很遲，直到二十世紀三十年代，才有《離婚條例》及《香港離婚規程》。這兩條有關離婚的法例，是 1932 年頒行的，至此才有分居、婚姻無效、假處分令和確定離婚令等規定。

戰後，在很多婚姻訴訟及合法承繼人的訴訟案件中，辯護律師往往在法庭上引用已被中國人廢棄了幾十年的《大清律例》，作為婚姻及合法繼承權的爭訟理由。這些爭訟大多數是針對妾侍的合法地位而發，於是引起香港婦女界的注意。

「妾侍」本是封建社會中一夫多妻制的產物，香港既然是文明社會，自不應有妾侍這種不文明的名義存在。但是 1875 年的《婚姻條例》中規定「非基督教人士，依照其本身信奉之法律禮教結婚者」即視為合法婚姻。娶妾侍的人，可以說是「依照其本身信奉之法律禮教」而行之，而唯一視妾侍為法例的「法律」，視妾侍有合法地位的「禮教」，就只有一本早已為人們唾棄的《大清律例》，因此這本「廢例」竟成為無價之寶，被引用來辯護。

這種「笑話」不止出現一兩次，自二十世紀五十年代至六十年代，幾乎每年都有，婦女界因此發起廢妾運動，促使港府修正法律漏洞，確定一夫一妻制為合法的婚姻。因為如果不這樣做，男人隨時都可以娶妾侍，而不被視為重婚。男人們可以說他是信奉《大清律例》的法律和禮教，於是社會上就出現很多妾侍。婦女界經過多年的爭取，港府終於決定在 1971 年 10 月 7 日實行一夫一妻制，把妾侍摒出婚姻法之外。

香港首次集體結婚盛況

最後，談談香港歷史上第一次集體結婚的盛況。1935 年冬，許地山先生（1893-1941）任香港中華青年會的智育委員時，發起由中華青年會倡辦集團結婚，聯合該會其他委員，如林承芬、傅世柱、高錫威等人發表宣言，定期於 1936 年 2 月 15 日，在必列者士街的中華青年會內舉行婚禮。

當時十分哄動，因為發起人許地山先生是文學家、香港大學教授，同時，集體結婚的證婚人又是周壽臣爵紳（1861-1959），其他委員都是社會上有名望的人，因此參加者眾，初步報名即有 16 對新人。由於這次集體結婚經港府批准，承認為合法結婚，故對報名者甄審極嚴，最後，只許 11 對新人參加婚禮。11 對新人的名單如下：①麥積奇對冼瑞英，②許同虔對曾漢馨，③謝美德對魏慧蓮，④甄國柱對周碧華，⑤吳景山對蘇澼，⑥黎國華對陳豔娟，⑦余燊和對俞少芬，⑧蕭騊對馮美梨，⑨蔡子卿對黃潔芳，⑩周志和對吳少薇，⑪李鍾秀對周桂芬。

至於當日的程序表共分 22 項，其程序是：

> （一）司儀人入席。（二）奏樂。（三）證婚人入席。（四）主婚人介紹人入席。（五）奏樂。（六）新郎新婦入席。（七）來賓肅立。（八）宣佈結婚者姓名。（九）新人行相見禮。（十）新人交換約指。（十一）證婚人授婚書。（十二）證婚人演說。（十三）名流演說。（十四）青年會會長演說。（十五）奏樂。（十六）新郎新婦退席。（十七）來賓肅立。（十八）證婚人退席。（十九）主婚人介紹人

證婚人爵紳周壽臣致詞

退席。(二十) 禮成。(廿一) 來賓退席。(廿二) 攝影。

當日必列者士街青年會內外，觀禮者人山人海，下午 3 時已擠滿了人，婚禮是在下午 4 時 30 分舉行，由於新人和主婚人等一早到達，並在會內簽署結婚證書，故婚禮進行極為迅速，全部禮儀在半小時內完成，至下午 5 時即告禮成，新人在青年會的露天球場上拍照留念。

根據香港的結婚法例，合法證婚人可向婚姻註冊處領取空白結婚證書，在其合法結婚場所內證婚，事後七天之內，須將當事人簽署的證書副本交回婚姻註冊處。這場全港首次集體結婚，也是根據該法例行事，是以既熱鬧又省時，頗受市民歡迎，青年會並於是年 8 月，舉行第二次集體結婚。

香港早期的中醫地位

如果初到香港，看到中文報紙上的醫藥廣告，一定會感到奇怪，因為這些廣告全部是中醫的廣告，沒有西醫的廣告；驟看起來，好像香港沒有西醫。及到住下來之後，看到各處都有西醫某某某的招牌，知道並非沒有西醫，到住下相當時日，然後知道香港法例規定，西醫是不准作自我宣傳的，是以沒有西醫廣告。只有偶然才看到西醫遷址啟事或更改電話號碼等廣告而已。

中醫有一定的地位

這現象說明了一件事，就是港府雖然以西醫為法定的醫師，但並不否定中醫的地位。

既然西醫是法定的醫師，為什麼又予中醫相當的地位呢？這就得回顧一下中醫在香港的歷史，才能明瞭其中的原因。

當 1841 年英軍登陸香港之時，香港並沒有西醫師。港島各處鄉村的原住居民，都是以中醫中藥保健。那時英軍有軍醫同來，軍醫只負責替英軍用西法治療疾病。但當時的軍醫並不見得醫術怎樣高明，很多英軍染了瘧疾而死亡。當開埠之初，招來了大批出賣勞力的華人來港建設，這些華人生病，也是靠中醫中藥來治病。故此中醫在開埠初期，即負起全港華人的醫療責任。在香港的醫療史上，中醫是先於西醫為港人服務的。

當 1845 年香港已建成一具雛形的商港時，已有中藥店和中醫師執業。現在雖然無法考證開埠初期究竟有哪幾位著名的中醫師執業，不過我們仍可以從一些民間傳説中找到著名中醫的一些蹤跡。

鰂魚涌山上的一座二伯公廟，就是傳説中的一位用中醫中藥替人治病的傳奇性人物。相傳這位二伯公，是香港早期專替勞苦大眾治病的醫生，最擅長替妓女醫治花柳病，故此當他死在山上那岩石洞之內後，坊眾就説他羽化登仙，並為他立廟祭祀。當香港還未禁娼時，妓女們常常到廟中上香祈禱。這雖然是傳説，但二伯公是位用中醫中藥替廣大勞苦大眾治病的人物，卻是事實。又中環卑利街上也有一座小廟，名叫大伯公廟。這廟的大伯公也是用中醫中藥替人治病的人物。相傳他住在伊利近街附近一處樓梯口，因懂中醫醫術，常替街坊治病，治者無數，他也和二伯公一樣，不計診金，甚至贈金予貧窮的病人去買藥，因此他死後，坊眾為紀念他，就在他平時睡覺的地方建立小廟拜祀。類似這類街坊神祇，港九各區差不多都有，而且傳聞也一律説是為人醫病，造福街坊。

從這些地方小神廟的存在，可以説明中醫中藥早期在香港的地位。當政府全力集中在開闢道路，建設碼頭倉庫、維持治安、訂立法制的時候，對公共醫療服務無暇兼顧之時，只有中醫在負起保健責任。有些人用中醫中藥為勞苦大眾治病，不計報酬，自然受到人們尊敬，這些人死後使受惠者無限懷念，視之為神，無非是希望他仍能保佑大眾平安，這是很自然的心理現象，不能用「迷信」二字，把事實抹煞！

但是，在歷史文件中，有沒有著名的中醫師呢？有。因為我

1870 年，一位在街邊懸壺問世的大夫。

們在法院檔案中，找到 1868 年一位中醫師的名字，他名叫吳天池，是當年一位頗有名氣的中醫。該年秋天，他控告《中外新報》誹謗他的名譽，告到高等法院去。結果，由《中外新報》的負責人伍廷芳（1842-1922）與他在庭外和解了事。由於這是中文報紙第一次被控誹謗名譽的案件，故馬沅所編的《香港法例彙編》乙冊內的〈妨害名譽事件述要〉一章，也提到這位中醫的名字，並且詳述其事如下：

有中外新報者。為本港華文報紙之始祖。創設於 1863 年（遜清咸豐八年）（按：咸豐八年應為 1858 年，故 1863 年一說或是筆誤），乃伍廷芳（狀師伍才）博士當日任孖剌西報翻譯時所刱辦，向由孖剌西報承印。當 1868

> 年秋，該報編輯曾玉泉（譯音）因刊登廣告一段，內含詞意有詆毀當時中醫吳天池（譯音）藉醫行騙及詐騙取財之所為，致被吳氏起訴誹謗名譽罪，兩造各延律師代表進行訴訟，有巴里列登律師代表原告，杜剌律師代表被告。是年 10 月 17 日由當任裁判師梅氏審定移送高等法院鞫訊。嗣經兩造在外和解。及屆高等法院審訊時，正按察司據所請下令將原案撤銷。該案雖中止進行，然稽之載籍，斯為本港華僑抑亦為本港華文報紙被控妨害名譽訴訟事件之第一宗也。

值得注意的是中醫生當時的社會地位受尊重。這件誹謗案的意義說明中醫根據中國醫術為港人治病，是不可懷疑的，與訟人曾玉泉在報上詆毀吳天池的醫術成問題，有藉醫行騙之語，被裁判司認為案情嚴重，移交高院處理，可見香港雖是受英國殖民統治的地方，但中醫的地位並非如某些人所想像的低落。

從開埠到 1945 年，實際負起保健工作的是中醫，而以在整個十九世紀的各個年代裏為最顯著。關於中醫在香港早期擔任實際的公共醫療工作，我們亦可從東華醫院的開設得到證明。東華醫院於 1872 年開幕，啟用之後，即以中醫中藥為全港市民服務。當時醫院不僅門診部全用中醫診症，施藥亦用中藥。至於留醫病人，也是服用中藥。故醫院內設有一個大廚房，裏面放有數十個風爐和茶煲，用以煎藥給病人服用。一些沒有地方煎藥的貧苦病人，即使不留醫，也在院內等候院方煎藥服用之後才離去。這種服務維持很久，直到 1940 年時仍然如是。

香港有醫藥登記條例，始於 1884 年，該年第一號條例名為《醫藥登記條例》。這條法例頒佈的用意，是港府確定西醫的標準，而不是限制中醫中藥。原來，到了 1880 年間，香港已有各種自稱西醫的人士懸壺市上，當中有來自澳門的土生葡人，也有來自南洋群島各地的人，他們不少僅懂得西法醫術的皮毛，就自稱西醫生。因此港府要立例管制西醫，規定凡用西法行醫，必須依法登記。但該例第三條，指定中醫不受該條例限制。馬沅的〈醫藥登記暨孫中山先生與香港法律及醫學之關繫〉一文，對當時醫藥登記和中醫在港行醫的情形，有如下的敘述：

> 當香港開埠之初，西洋醫術尚未普遍於中國，惟本港定例，西醫執業必須依章登記，始許問世，於是有醫業登記條例之施行。該例頒佈於 1884 年為是年第一號條例。迭經 1893 年第四號，1897 年第一號及一二號，1914 年三一號及 1923 年第二號修正。至 1935 年四一號重訂，為現行法例。當道制訂該例，嘗以本港地方，中西醫術各立門戶，而華人習於中醫，故有第三條華醫不受該例限制之規定，特予華醫以自由懸壺問世之權。一方則於西醫執業，嚴加取締。蓋以重人民之生命也。然其時西方醫學尚未灌輸於本港華僑，在港業西醫者皆西人，而就診於西醫者亦盡屬西人，乃越數年，始有香港華人西醫學校之設立，以西方醫學教授華人。二十年以來，作育人才不尠，於是華人依法登記執業為醫師者漸有其人。迨後香港大學成立，醫學人才輩出，兼之近世醫學

> 昌明，不得於中醫者則求諸西醫。迄今西醫之道大行，駸駸乎有取中醫地位而代之之勢。香港然，中國內地亦莫不皆然矣。

初期東華醫院　中醫負責治病

馬沅寫這篇文章時是 1936 年，文中所說「不得於中醫者求諸西醫」，可以說是說中了當年華人對西醫的態度，即是在中醫醫不好病時，才去求教於西醫。足見到了 1936 年，中醫在香港仍是站在第一線上服務的。

現在的東華醫院已經是全部用西法醫病的醫院，這間醫院初期用中醫治病，後來又怎樣會由西醫代替呢？原來其蛻變過程，亦頗為有趣。

當 1894 年香港鼠疫流行的時候，華人染鼠疫而死者達數千人，當時港府對於鼠疫的傳播亦束手無策，因為世界上還未發明治療鼠疫的醫藥，甚至未找到病原。由於病發時，病人的淋巴結上會有一塊腫核，故在病名上仍未定名為鼠疫，而稱之為「核疫」。在此情形之下，港府只有用消極的辦法對付這種疫症。辦法是對於染「核疫」而死的病人屍體，一律由政府集體處理，以免病菌傳播。其次是對疫症樓宇強行消毒及釘封，強迫居民遷出疫屋，必要時拆去疫屋。這些措施對於佔百分之九十幾的華人居民，自然影響極大。當時華人不甘，認為東華醫院主席及值理不應答應港府執行此種措施，因此遷怒於該院主席，曾群集院前向主席的轎子擲石，而引起一場騷動。

到 1896 年，鼠疫再起，一些英國醫官對東華醫院用中醫治療引起懷疑，要求停辦東華醫院。而院方的主席和值理亦恐怕疫症再起時為坊眾所責難，頗有退位讓賢之意。因此，當任港督羅便臣爵士特於是年 2 月 5 日，委任史超活駱克組織調查委員會，調查東華醫院是否仍需繼續辦下去。研究該院用中醫中藥為港人治病是否適宜。

這個調查委員會由駱克任主席，譚臣（Alexander Macdonald Thomson, 1863-1924）、遮打（Sir Catchick Paul Chater, 1846-1926）、威歇及何啟（1859-1914）為委員。其中只有何啟是華人，其餘都是英國人。調查結果，委員會在報告書裏認為該院用中醫中藥治病是合理的。報告書作出五點結論，其第四點為：「該院採用華人方法治療病人，不用英人的治病方法，應繼續採用，否則既有國家醫院，又何須再設東華醫院。」第五點結論：「該院之設，有鼓勵華人入院留醫和病向淺中醫的作用，免華人貧病無告而死於家中，其所做之工作，為國家醫院所難以擔任。」

不過，報告書第 29 節寫道：

> 關於醫院之職員，僕等之意，以為應由政府委派華人之曾習西醫學識者一人，常駐該院，專以考查在院死亡之人，而作一真確之報告。為公眾衛生起見，政府須有死亡之真確統計表。僕等之意，該項統計表非該醫院中之中醫所能辦理。故僕等以為應由政府出資僱聘一合格華人西醫辦理。……

港府就根據這份報告書的建議，於是年開始由政府出資聘請一位華人西醫駐院工作。這是東華醫院有西醫之始。第一任駐院西醫，名叫鍾本初。

值得注意的是，鍾本初當時的職位並非普通西醫，而是「掌院」，等同現時醫院院長。又根據報告書所賦予的職務，這位掌院有「考查在院病亡之人，而作一真確之報告」的權力，換句話說，他是有權簽死亡證。反而中醫則沒有這種權力，於是產生一種特殊的「借殮」服務。

香港雖然尊重中醫，但因為當時中醫沒有人體解剖學的經驗，更缺乏細菌學等知識，故此沒有簽死亡證之權。在本港未有生死登記制度之前，是無所謂死亡證的，當 1896 年頒行該年第 18 號後改為 8 號法例的《生死登記條例》之後，開始有簽發死亡證明書的制度，這位掌院西醫就是為東華醫院唯一有權簽發死亡證明的人，而他所簽發的死亡證明，全是經中醫治療過的病逝者。

因此自 1896 年開始，華人在家中延中醫治病無效而死亡，便將死者送往東華醫院殮房，由該院西醫檢驗，簽發證明死於某病，而向有關方面申請發給死亡證，這種服務稱為「借殮」。假如將死者直接送往政府驗房，政府醫官即將死者解剖。在當時華人習俗，認為死後解剖等於將死者分屍，華人多不願意其親人「死後過刀」，故願送往東華醫院「借殮」，這種服務直到 1949 年才終止。

「借殮」的意義，等於間接認可中醫對病逝者盡其應盡的責任。事實上即使在「借殮」服務被取消之後，請中醫治療而病逝者，即使送往公共殮房解剖化驗，至今仍是很少證明中醫用藥錯誤的。

上述的1896年調查東華醫院的報告書，對當時五年內該院中醫診治病人的數目，做過一次統計，可以說明中醫在當時對保健服務的重要性。下面是報告書內的一段原文：

> 欲知該院進行調理貧病者至若何程度，可觀第十號附錄內，列由1891年至1895年東華醫院所收病人若干。據此可知五年中，男病人在院留醫者一萬零八百零六名，即每年平均有二千一百六十一名。女病人在院留醫者一千九百五十二名，即平均每年有三百九十名。男病人門診五十三萬零七百八十一名，即平均每年有一十萬零六千一百五十名，女病人門診者二十七萬二千二百七十八名，即每年平均有五萬四千四百五十五名。所有該病人均係贈醫者，至於自費之病人，由1891年至1895年，男病人一百零六名，女病人四十七名。

1896年時，香港人口已增至24萬人，中醫門診平均每年為11萬6150名，即超過45%的人口就診於東華醫院的中醫。至於當時政府的國家醫院的西醫，在1895年就醫的人數，西歐人及印度人僅934人，華人只得213人。可見當時以西法治病的國家醫院，在公共醫療服務上，與東華醫院比較，真是小巫見大巫了。

東華醫院自1896年開始增設西醫，自此即成中西醫兼備的醫院，到了二十世紀初期，該院擴建了很多病房，而且增設了西法接生的產房。之前，該院因為是中醫院，接生工作仍用古法，交由穩婆接生。到了本世紀初，逐漸有一批西法接生的產科人員畢業，便開始改用西法接生為婦女服務，由於西法接生的安全率高，因此很多孕婦都願意接受西法接生，西醫的醫術亦漸漸有眾多的華人接受。

但是，由於東華醫院的經費中，港府的撥款佔得很少，東華醫院成立的宗旨，是為華人用中醫中藥治病，都是來自民間的捐款。基於創院宗旨所限，大部分經費都撥向中醫中藥方面，至於發展西醫西藥，只靠政府撥款支持。是以當時該院雖有肺病病房，專以西法治療肺病，但卻無完備的儀器，該院的西醫常要向其他醫院借用儀器。當時有些著名西醫都認為港府既然提倡西醫西法治病，就應該撥更多款項給東華醫院，否則西醫服務仍只屬象徵性，可惜港府仍無動於衷。一直到戰後，港府才認真負起公共醫療責任，撥更多的經費出來，東華醫院才完全改用西醫服務。

東華醫院在 1940 年時，曾出版過一本《驗方集》的中醫書籍，這本書內載中藥驗方 81 條，曾送港府醫務委員會審核出版。當時醫務委員會曾覆函如下：

> 逕覆者，七月八日　台函，暨東華三院新訂藥方備選初稿一當，經已拜領，並將如命轉送各委員查閱。貴總理暨參與編訂此書者努力為三院中醫方面創立有系統之管理，僕謹代表番務委員會表示感謝。此項煩難、及精巧之工作，竟能迅速及有效而完成之，實堪慶賀。敢懇　台端代向各有關方面表示敬佩，曷勝欣幸。此覆

東華三院主席李耀祥

醫務委員會秘書甘饒理謹啟

一九四〇年七月十日

從這封信可以看到，當時醫務委員會對中醫的驗方亦極尊重。至於東華醫院編印這一本驗方的原因，亦有一定的社會意義。原來，自日本軍國主義者發動盧溝橋事變後，大量華人從中國內地徙來香港，到了1940年，香港人口已超過150萬人。龐大的人口需要醫療服務，政府在這方面完全缺乏周詳的計劃，於是增加了東華三院的負擔。每天數以萬計的病人到東華醫院去看中醫；為了應付這項繁重的工作，當時主席李耀祥便有改進中醫藥方之議，他先在全港報紙上發表〈改進中醫藥方宣言〉。這是一份40年前有關香港中醫的歷史文件，特將全文節錄於後：

中國醫藥，具有數千年之悠久歷史，人民即有數千年之信仰與習慣，以故普羅民眾，有病皆樂用中醫。證以本港三院贈醫施藥每日統計，中醫幾八倍於西醫，益信而有徵也。盍自國內多難，本港居民驟增數倍，類多貧病交迫，詣院求診者遂日多，藥料物價相因而日昂，三院經費，遂日艱應付，他姑勿論，但就中醫一部分而言之，三院以限於經濟故，額用中醫十六名，每日贈診街症三小時，平均計算，每診症治及處方時間，僅得二分鐘，幾何不蹈景聖所呰議，為相對斯須，便處湯藥之弊耶？而欲視死別生，實為難矣。同人等自任事以來，目覩三院之困苦情形，以及求診者苦於繁喧久候，施診者苦於倉卒催迫，檢藥者苦於煩瑣掇拾，日夜焦思，博諮明達，期圖補救，草擬興革二端，願與諸君子詳商之。

一、徵聘義務醫生六名，分駐三院，以分現任贈診醫生之勞，而免求診者之擠擁久候也。擬於有機會考取醫生時，多選備取醫生數名，徵其同意，暫在各院義務施診街症，以資實習，俟同醫生缺出，挨次遞補，不另考選，以酬其勞，俾資鼓勵……

二、製備通治、固定、特效方劑，以節診治檢藥之勞，而省藥物之費也……編選若干方，製為粗末，編列號碼，以俟交由本院各醫，人手一本，臨症選用，遵而行之，則所謂節勞省費，必可實現。請詳言之，所謂省醫生之勞者，例如醫處一方，平均為四十字，若以編定號碼代之，寥寥數字已足，節省寫字時間，以為病人詳細審症，晚可省醫者用腦時間之勞，間接則病人實受醫生詳細審察之益，且免病者久候診治之苦，其利一。所謂節省檢藥之勞者，同人等目擊醫生門診至下午一時已畢，而檢藥者從上午十時至下午一時半，應秤贈之藥劑逾數百，每方秤量數種或數十餘種，以視醫者之處方時間，更覺繁重，況候藥者以抱病之身，忍苦久候數小時，其艱苦可想而知，試行前法，則一方僅秤量一種，已竟厥事，則檢藥者省去秤量時間不少，而病者省去候藥之苦矣，其利二。所謂省藥物之費者，平常一煎劑，其分量普通二兩至三兩，若照暹定方劑，每服不過數錢，無形中減去藥之重量，豈非撙節之一大宗乎，其利三……

東華廣華東院三院主席 李耀祥

當時由於病人太多，醫生要處方，藥房要算藥，所費時間太多，貧病人候診、候藥花更多時間，李耀祥便倡議將藥方編成一本《驗方集》，將各方編成固定號碼，醫生在處方時只需寫處方的號碼，病人便可拿到藥房去，藥房因藥方已編號，早已將 81 條藥方的藥執好，見了號碼就可拿給病人，在工作上便收迅速之效。這是改良方法之一。

其次是將藥方的藥劑，改為研成藥末，病人就不必煎藥，改用藥散吞服，因為服藥末所需的份量，可比煎劑減少藥量。這又可以節省該院的消費。

這雖是在形式上改進中藥中醫，但也是香港中醫中藥改進的開始。

調景嶺的變遷

遷拆調景嶺的問題

三個月前（按：本文著於 1980 年代），香港報章透露政府將發展調景嶺，像發展將軍澳那樣，但尚無實質的發展藍圖公佈，只說兩年內即進行遷拆該區的平房。調景嶺居民也為此而展開了兩次居民大會，都表示反對遷拆，情緒頗為激動。

筆者無意研究調景嶺的遷拆問題，但因而引起研究調景嶺整個發展史的興趣。以往似乎還沒有人去認真研究這個地區的過去和現狀，甚或乎把該區的歷史寫出來。

調景嶺的歷史

調景嶺原來是一座面向半圓形的海灣的荒山，在 1898 年之前，是由中國所轄治的。由於海灣規圓如鏡，而且海面平靜無波，漁民們叫這海灣為照鏡環。漁民對於大型海灣稱為灣，而對小海灣則稱為環，調景嶺的海灣較小，故名為照鏡環。海灣上的山，便叫作照鏡環山。它原是魔鬼山的伸延部分，現行的香港地圖上，仍在調景嶺側保留照鏡環山一地名，可供參證。

1898 年香港拓展界址之後，這個山嶺和海灣已劃入香港版圖，當時魔鬼山下的地價上漲。負責指揮當任輔政司駱克接收新界的港督卜力爵士，於 1903 年 8 月曾於《憲報》發表接收新界報

1951 年的調景嶺全貌

告書，其中特別提到魔鬼山下的地價上漲。其文云：

> ……至九龍山嶺以南地方，自接收新界之後，地價增加，數量不少。查鯉魚門附近魔鬼山海岸有地一段，佔地約一百廿七英畝，十一年前承批，闢作魚塘之用，租金每年僅五元。迨劃歸英國管轄，業主轉賣該地得價達五千元，地價激增，可為例證。

卜力爵士的報告書雖然沒有指明這塊地皮由誰人購買，也沒有詳細説明該塊面積 127 英畝的土地是在魔鬼山下什麼地方，但有理由相信，這塊土地是由一位名叫倫尼的人購買的。在 1903 年前後幾年，沒有什麼人曾在魔鬼山下作巨額的投資，只有倫尼先生一人曾在該處投資並發展該地。

倫尼全名為 Albert Herbert Rennie（1857-1908），原籍加拿大。他在香港政府工務局任職多年，約於 1900 年退休從商。他看中魔鬼山下的照鏡環地方，在該處買地興建一間磨坊，以磨製麵粉。他的麵粉廠在 1905 年投產，但經營了兩年多，到 1908 年 4 月即宣佈破產。他受不住這次打擊，就在麵粉廠前用繩環頸，另一繩端綁以巨石，向海灣裏一跳，自殺而死。

自倫尼雙料自殺死後，這個海灣上的陸地便有兩個地名出現：其一是英文地名，稱為倫尼的磨坊（Rennie' s Mill）；另一是中文地名，稱為吊頸嶺。前者是指該地曾是倫尼開發為麵粉廠的地方，後者則明示倫尼曾在該處吊頸並自沉而死。

倫尼死後，麵粉廠內的機器和生財用具被債權人拿去拍賣，廠房在拍賣時無人問津而荒廢。由於交通不方便，在中日戰爭時，特別是 1938 年廣州淪陷後，雖有大量人口湧入香港，這些避戰亂而來的人也不到吊頸嶺來蓋搭寮屋居住。但這時香港已察覺

調景嶺倫尼磨坊的舊址上，建了很多新建築物，成為調景嶺的社區中心。

到日軍將會進攻過來，駐紮在鯉魚門炮台山的英軍，在照鏡環山上至吊頸嶺和茅湖仔山上，建了很多碉堡，以監視將軍澳和藍塘海峽。連倫尼麵粉廠的舊址，也曾駐紮英軍。

1941 年 12 月 25 日，香港遭日軍佔領，日軍防守香港，基本上依照英軍的部署。鯉魚門的炮台山以及魔鬼山至茅湖仔山一帶的碉堡，已為日軍接管，吊頸嶺下倫尼麵粉廠的舊址，也駐有日本海陸軍。當時，有很多偷運物資出口到內地的漁船，不經汲水門及鯉魚門出海，而從香港仔經藍塘海峽外出海，常被日軍的炮艇截獲，拖到吊頸嶺下的倫尼麵粉廠的海邊碼頭上，押上軍營施酷刑審問：然後在海灣碼頭上斬首，屍首則被踢進海裏。

1945 年 8 月香港重光之後，這個海灣和倫尼麵粉廠的舊址已廢棄不用，山上的碉堡也失去軍事價值，亦荒廢不堪。倫尼麵粉廠的建築物原是簡陋的磚石建築，經過日軍的破壞和風雨的吹襲已成殘垣敗瓦，這些殘磚亂石在 1947 年至 1948 年間，已被漁民運

調景嶺大街的一角

往別處作為建屋材料之用。倫尼麵粉廠只留下一塊大平台和一個殘舊的碼頭。

內戰改變了調景嶺的命運

1948 年國共內戰，戰事從黃河流域向長江流域推進，很多戰敗和受傷的國民黨軍人向南移，到 1949 年他們再南移到廣州，而廣州亦接著解放，他們只好繼續南下，進入香港。

他們無家可歸，又經過一年多的流徙，所餘的財物極有限。他們知道東華醫院一向對中國內地的兵災、水災、火災都有救濟，便湧向東華醫院的棲留所去求助。東華醫院本著過去救濟災民的宗旨，立即登記並施飯加以救濟。當時香港還沒有社會福利署，只有一個由華民政務司管轄的社會局，但東華醫院面對這些無家可歸的人越來越多，已超越本身的救濟能力，只好求助於社會局。關於當時的情形，《東華三院九十年來大事記》有如下的記載：

> 一九四九年（民國卅八年己丑）……
>
> ……是年冬，國內大批殘廢難民自廣州來港，原擬候輪分赴海南島及台灣，但抵港後，因無處棲身，流浪街頭，生活無著，故由三院當局設法暫予收容。當年總理周湛光等，曾向華民政務司及社會局磋商收容和善後辦法，計由 11 月 8 日起開始收容。初僅百餘人，後來聞

> 風到院請求救濟的難民和殘廢軍人，就如潮水般湧至，至 11 月底，難民人數已達千餘人。東華醫院的地方不夠應用，遂將一部分移至西環的一別亭居住，而難民復絡繹而至，人數增至數千。對管理和衛生，以及供給膳食等，發生困難。幸獲本港社會局的協助，將全部難民遷往摩星嶺山邊一帶安置，仍由院方供給他們膳食，直至 1950 年 6 月而止，歷時七個月，收容難民八千二百餘人（內殘廢者佔一千八百餘人），除經歷次遣送台灣和海口之外，仍存留港有四千八百餘人，1950 年 6 月 27 日（筆按：應為 26 日），全部移交香港社會局，遷往調景嶺難民營接收管理，並另組織「港九救濟難民委員會」負責辦理此項工作。

這些無家可歸的殘廢軍人多達千餘人，其中很多都有家人隨行照顧，他們原是在香港等待到海南島或到台灣去的，因 1949 年底的海南島還未解放。但海南島解放後，他們只有寄望於去台灣，而台灣一時又無法安排他們前去，他們就只好過著難民式的生活。

《東華二院九十年來大事記》並無描述這群無家可歸的國民黨軍人和軍眷在摩星嶺時期的生活狀況，亦沒有說明將他們安置到調景嶺的原因。幸有一本為響應聯合國世界難民年（1959 年至 1960 年），由香港多位社會工作者所作的《香港調景嶺難民調查報告》，裏面有頗多具歷史價值的記載，出版者為香港大專社會問題研究社。書中第 16 至 18 頁，對當時住於摩星嶺的這群人的生活有頗詳細的描述：

茲再將摩星嶺當時之難民生活情況，分述如下：

食的方面：

每日由東華醫院（該院設有難民部）施飯兩次，在市區該院廚房煮妥後，即用大木桶貯藏，然後用大卡車運到摩星嶺。每四名難民，持飯票合領一小桶飯，及一碟菜，此飯菜質量雖差，但勉強可以果腹。

這些難民，都是窮苦達於極點，絕大多數人，均憑此兩餐果腹。間亦有少數人，偶得親友資助若干，可以自加一些麵點飯菜。其中也有少數人，走到市區，而淪為乞丐者。其中也有少數人，在難民群中，經營小生意者。

當時，港九工廠缺乏，靠出賣勞力，雖青壯之年，亦乏人僱用，偶爾在海旁，托運麵粉，亦僅數角錢而已。

摩星嶺上，水源缺乏，用水極不便，只在遠處山澗中或小泉中承取之。

住的方面：

該處除了一間木屋當為東華醫院之救濟辦事處之外，並無任何可供難民住宿的建築物，所以臨時架設之帳幕，形形式式，遍佈山頭。它們多數只是油紙，草蓆，加上竹木支架，有的只是用破布單搭成帳幕而已。

最大之苦難，是遭逢連場大雨，有些住屋，甚至被大水沖走，普遍的災難，是雨水普降之後，土地濕了，地上積滿水分，這些帳蓬式的房子，完全沒有地板，因此遍地泥濘，有些鋪上草包爛袋，日子一久，底下腐爛不堪，或且生滿蟲蛆。

缺乏公共廁所，隨處有大小便，倘逢烈日當空，更是惡臭難聞，一切設施均不合衛生。

看了這些描述，就知道這批無家可歸的人過的是極難堪的生活。可是當時卻有人用不可理解的態度去看待這群可憐人。

1950 年 6 月 18 日，有約八十餘人的群眾突然來到摩星嶺下，跳起秧歌舞來。6 月 18 日，恰巧是端午節前夕，同時是星期日，這批群眾如果是存心向嶺上的殘廢軍人和國民黨軍人和軍屬進行教育，就應該先表示對他們的遭遇寄以同情，然後才能說服他們。可是這群人的態度卻是充滿嘲弄和嬉笑，在此情形下，便引起衝突。

綜合 6 月 19 日本港各大報的報道，當這群群眾開始跳秧歌舞時，已經有人高聲勸他們不要這樣，但他們完全不理會，並且越跳越表示自己是進步的一群，其他人是被時代淘汰的一群，衝突就由此而起。當日同情這群無家可歸之人的報章，都用「驅逐秧歌舞引起衝突」的字眼，同情跳秧歌舞的報章，當然是用相反的字眼來報道這件事件。但無論用什麼字眼，都指出警方及時採取行動，既驅逐這群難民上山，也救出跳秧歌舞者。在衝突中，共有 59 人受傷。事後查明，跳秧歌舞的群眾是屬於工會的工友，受傷達 45 人，而摩星嶺的難民受傷 14 人，幸而都是輕傷。

經過 6 月 18 日的衝突事件後，負責施飯救濟這群難民的社會局，已認為摩星嶺極不宜於他們聚居。香港極需要安定，才能繁榮起來，如果常常引起衝突，對繁榮極為不利。摩星嶺接近市區，說不定將來會再引起同類衝突事件，因此便將這群難民送到調景嶺去。

調景嶺一名，是在社會局宣佈遣送摩星嶺上的數千難民時提出來的，是將吊頸嶺的「吊頸」二字，以諧音的「調景」來代替，並含有調整景況之意。當時社會局已在倫尼麵粉廠原址上搭了葵棚和建築了煮飯的廚房，可見在 6 月 18 日的衝突後，當局已決定在調景嶺建設難民營，否則他們遷進來就不會有飯吃。

難民營的建立

社會局會租用油麻地公司的渡海小輪，將這群人送到調景嶺來，他們約 6000 人，都是持有飯票的，即早期在東華醫院登記領有施飯證件的人。隨同他們一起到調景嶺來的，有幾位外國傳教士和華人神職人員，這些人的艱苦和充滿愛心的勤奮，對後來調景嶺的教育、醫療、文化等建設，都有很大的功勞。

其中一位瑞典籍女傳教士 Miss Gertrud Tragradh 原在天津工作，會說華語。她在 1949 年南下來港，當時東華醫院正在登記殘廢軍人和軍人家眷，她已開始在難民中傳教。後來難民移到摩星嶺時，她在摩星嶺上蓋搭蓬帳作為臨時的傳道所。她原是一位合格的助產士和護士，在摩星嶺時，她隨身帶有藥物，為難民治病並傳道。當遣送到調景嶺時，她也隨同遣往，後來她在調景嶺成立「錫安堂」，並為早期調景嶺分娩婦女擔任接生，很多新生嬰

1950 年社會局所建的廚房，後來改建為郵局和消防局。

兒經她雙手而呱呱降臨人間的。她在 1960 年復活節出版的特刊上，敘述錫安堂成立十週年的經過，可供參考。該文以〈麻雀為自己找到房屋〉為題（"The sparrow hath found an house"），茲節譯於此：

> 1950 年初，因求助之難民增多，東華醫院將難民遷往摩星嶺安置，戴小姐亦隨往該處傳道，並在山岩下或路傍從事佈道，由於她原有醫藥知識，經常帶有藥品袋，為難民服務。
>
> 同年 6 月間，調景嶺成立難民營時，她毫不遲疑，跟著六千多名難民，遷入難民營。當時社會局，撥給一座三角棚，白天為醫治疾病之所，夜晚則用以傳播福音。
>
> 7 月間，因三角棚之面積太小，乃由社會局駐營辦事

處撥給大葵棚一座，煤油燈一盞，和數十張竹椅，規模稍為擴大。7 月 10 日據云由於破壞分子放毒，使數百難民，驟然吐瀉大作，她率教友等日夜不休，妥為診治。

10 月間，在二區水溝旁，蓋了四面及屋頂盡是油紙棚屋一座，並定名為「錫安堂」。除供作聖堂外，並利用此為課室，設立了英文班。當時除了戴小姐帶領研經佈道外，靈糧堂之李德恩牧師每週來堂講道一次。教會至此已略具雛形。

1951 年春，有三十四位難胞，誠心歸主，經由趙世光牧師為之施洗。秋間改建了木屋一座，座位亦改用長木板櫈，可容一百五十人聚會之用。

1952 年，姚如雲，費書楷兩牧師先後駐會佈道，復活節時又有六十四位難胞受浸歸主，而且英國之艾美德教士，瑞士之夏天惠教士亦加入聖工，協助探訪婦女，帶領兒童。至是年底，教友已增至百餘人，而且更組織了第一屆之執事會。

1953 年 11 月約翰生女士 Miss Rut Johansson 到達教會，並擴展繡花手工等工作，對貧苦之難胞，有甚大之幫助。年底，戴小姐因積勞過度回國度假。

1954 年，艾喜德教士加入教會，故陣容益形擴大。

1955 年 5 月戴小姐度假滿期回營，9 月間教士宿舍完成，為兩層之石牆瓦頂者。是年該會，在荃灣及澳門兩地，開展佈道聖工，由該堂所培植之難民負責。

1957 年，新留產所落成，給難民產婦，帶來福音。

後有白、李兩教士到達教會，二人均有護理知識，在該堂之醫務工作上，更為擴展。

1958 年夏完成繡花工場。

是年 8 月間，按立中國籍管淵若為牧師聖職，係在長洲建道神學院，由劉福群博士等組織牧師團所按立者，管牧師本為難民，戴小姐在難民群中傳福音時，初期的歸主者，並一直協助她工作。

1959 年 7 月間，現有新聖堂落成，莊嚴巍峨，可容三百餘人聚會。

是年 8 月，擴建留產所工程落成。12 月繡花工廠加高部分完工，這些建築物與聖堂，教士宿舍等連成一片，遠處觀之，儼如一幅美麗圖畫。

該堂並附設有工藝社，該工藝社，建有兩層石屋一間，內作為辦公室，收發室倉庫及陳列室之用。參加工作人數，1960 年有男女計約八十人，雖以救濟教友為主，但貧苦之難胞亦參加工作，每日一般工作，按件計可得工資約二元，但熟手精明者所得自較高。

該社所出產品，係手工性質，如刺繡品及玩具等，此等物件，多富東方色彩者，其銷路方面，以瑞典為主，英、加也有部分，貨物只是用小包郵寄，每包不超過二十二磅，故數量有限。承購者，亦含有救濟之意。此等出產之規模雖不大，但對難民之貢獻與補助甚大，普通的難民，既不需房租，有時也可領得若干救濟之米麵，衣著根本不須講究，若得此些微現款之收入，其益處是很大的。特別是初期之難民營，此種手工業，救活了不少苦難的人們。

另外還有幾位美籍女傳教士，也是從摩星嶺時即開始工作，並隨同到調景嶺的。她們所屬的教會為路德會。為聯合國世界難民營而作的《香港調景嶺難民調查報告》第 51 至 53 頁，載有路德會發展概況，其原文云：

路德會在香港開闢工作為時較晚，迄今不過十二年。但教會事工非常興旺，教友為數眾多，對於難胞的福利貢獻尤大，在難民歷史上寫下了光榮的一頁。

該會最先來港開闢工作者為美籍宣教師何傳捷牧師和西門英才女教士。他們二人於 1949 年 11 月 29 日由重

1950 年社會局所建的飯堂，每天在該處派飯兩次，派茶一次。

慶來港，原擬稍作勾留即行返美。但此二人熱心聖工，見港九難民眾多，特別需要福音的安慰和物質的援助，於是為愛心所激動，決意在港開闢佈道工作。一週之後，又有其同工包美達教士和白樂雲小姐由大陸抵港，參加佈道工作。他們四位福音使者分頭個別探訪難民，先在東華醫院佈道，後遷往摩星嶺，一面設立學道小組，一面設立難民圖書館。最後，他們隨同難民遷入調景嶺工作。在第三區搭起一座葵棚作為臨時禮拜堂。此禮拜堂白天則為難胞學道之所，黑夜則為難胞棲止之免費公寓。

最初五六年，調景嶺路德會之工作係由西門英才教士負實際責任。她那愛人如己堅苦卓絕的精神，俱為一般難胞所稱讚，亦為港九基督教中國傳道人所一致推崇。在她主持之下，興辦了下列幾項重要的善工：

一、創立協同聖經學院 —— 儲備港九傳道人才。從第一班到第五班都是她一手培植畢業的。現今該會分佈於港九澳門甚至台灣一帶的中國傳道人，幾乎百分之九十是她的學生。如果說調景嶺路德會聖經學院是港九澳門及台灣路德會工作人員的搖籃，她就是看顧這一搖籃的慈母。她的眼淚和血汗已經蒙了神大大的祝福！

二、倡設婦女手工郎 —— 藉刺繡編織等手工，誘導難胞生產。估計參加此項工作的人，每月可得數十元之補助。這個數目在難民營中看來，是個不小的幫助。這個工作繼續擴大，即成了今日由包美達教士負責之難民工藝福利機構。幫助了港九澳門一帶許許多多教友獲得生產的技能。

三、創辦肺病療養所及農場 —— 使肺病教友及慕道友獲得療養與生產之場所。營中難胞因營養不良，據最初估計患肺病者超過千人。該會同情病人之痛苦，特別資助肺病人的生活用費，最初是每人每月可得港幣三十元。據云平均每月有一百餘人獲得此種救濟。嗣後西門英才教士與 Helen Wilson、Annie Stau 兩教士商議發起設立元洲肺病療養院，專門收容營中肺病人。西門教士返美之後，即多方設法籌募基金，今日靈實肺病醫院宏偉之規模，路德會西門教士之貢獻很大。

上面這些資料，已約略將調景嶺最初十年的發展情形繪出一個輪廓，但這只是宗教界協助發展的情形，遷入調景嶺的接近 7000 人，都曾付出血和汗，把這座荒山建設起來。

他們從摩星嶺遷來，可以說完全沒有想到長期住在調景嶺，他們相信台灣會接他們去，因此最初的一個月，都是住在倫尼磨坊的舊址（他們稱為「大坪」）上蓋搭的葵棚之內，但是後來覺得這裏只有每天兩頓救濟飯吃，其他零用完全要靠自己，而調景嶺又是一座荒山，全無生計，只有到外面去做工或者找親友救濟，才能有零用錢。這樣，便得先有一個家，同時還要開闢道路，才能到外面去找工作做。因此，他們便動手開山，架屋築路。

當時調景嶺只有社會局設一辦事處，社會局人手又不多，他們只負責籌備兩餐伙食，以及管理廚房和派飯事宜，對於管理這

7000 人，實在沒有人手，與其增聘大量人手，莫如讓他們自治。當時港九各界成立救濟調景嶺難民委員會，在調景嶺設有服務處，服務處的工作人員，大部分是營內的知識分子，他們在摩星嶺時，已和大部分人相處了幾個月，彼此認識，讓服務處負責維持當地的秩序，是最省錢而又最有效的方法。是以把這座荒山開發而成一條新村，和服務處的治理，頗有關係。

1950 年的對外交通

最初服務處將調景嶺劃分為五個區（1962 年經房屋署劃為 12 區）。而以一條大路貫通這五個區。因此先行動員各人開路，這條路的上下山坡可蓋搭寮屋。現時這條大路就是調景嶺大街。初期調景嶺大街兩旁的屋宇，全部由木板或草木架成的。

1950 年調景嶺對外交通，要越過照鏡環山到鯉魚門，才有街渡到筲箕灣去。當時，只有社會局的運糧食船隻來往於港島和調景嶺之間，這艘運糧食船不准載客，只有社會局的工作人員才能使用。因此，居民便要開築山路，通往鯉魚門去。這條山路，當時名叫謝公路。

謝公，原名謝御群，廣東人，原是國民黨某部隊的工兵營營長，對築橋開路素有經驗，更親自動手開路，並説服年青力壯的人合力築路。這條路築成後，調景嶺居民才能以一個半小時的時間到鯉魚門去，這將對於他們出外做工才方便。由於居民稱謝御群為謝公，便把這條路名為謝公路。

1950 年秋，居民開始疊石建屋，以調景嶺為家。

1950 年 11 月 14 日，香港政府社會局調景嶺兒童學校開始上課。這間學校是調景嶺中學的前身，開辦的經過亦足一述。

當時，能夠出外做工的都是體力勞動者，知識分子出外找工作極為困難，他們既有住所又有救濟飯吃，便建議開辦學校，以免兒童失學。這建議獲得基督教兒童福利會支持，又獲港九救委會建造六間木屋作為課室，經社會局批准而開辦，而首任校長正是社會局調景嶺辦公室副主任譚文煥女士。

教育問題

自從摩星嶺事件之後，台灣方面覺得不能對這批前國民黨軍人和家屬置諸不理，但又無法把他們接返台灣。至於撥款救濟，又礙於經費不足。當時台灣想出一個辦法，就是增收娛樂稅，將增收的稅款撥給「救總」，由「救總」匯款到香港，交給調景嶺服務處代為救濟。這時聽說調景嶺要辦學校，便先撥 2 萬元到來，作為給全體學生購買課本和書簿的費用。因此當時兒童學校的學生，是全港首次完全免費受教育的。至於兒童學校的學生數目，據資料所示：班級有幼稚園兩班，初級小學由一年級至四年級各一班，高級小學只開五年級一班，全校學生共 200 人。

至於這間「香港政府社會局調景嶺兒童學校」後來發展成為「香港調景嶺中學」，當然是和香港的繁榮安定是分不開的，也和調景嶺居民的勤奮努力分不開的。1952 年，該校的高小六年級學生畢業後，由於父母都有工作，家庭不需要兒童做學徒或童工幫補家計，要求繼續升學的幾乎是全體小學畢業生的共同願望，於是該校開設初中一年級二班，亦於 1953 年易名為「香港政府社會局調景嶺中學」，學生已增至 300 人。到 1954 年，原任校長譚文煥女士調職，由新任社會局調景嶺辦公室主任方適存兼任校長。1955 年，該校由港九各界救濟委員會接辦，由救委會主任委員謝伯昌兼任校長。謝伯昌因不能經常到調景嶺，因此委派張健暫為代理。當年台灣公佈華僑學校組織章程，該校依章組織董事會，謝伯昌任董事長，董事會副董事長為何理甫；董事有許讓成、尹致中、張健、李汶等九人，不但推李汶為校長，並將學校名稱改為「香港調景嶺中學」。到 1956 年開辦高中，成為一完全的自幼稚園至高中的學校。

在調景嶺開闢的時候，一間學校是不能容納為數頗多的知識分子，因此 1950 年亦有鳴遠義務小學的設立，創校人為天主教曹立珊神父。曹神父創立之初，蓋搭一座葵棚和一座只有上蓋的帆布棚，選拔曾在內地受過高等教育的難民擔任教師。初期收學生 100 人。由於調景嶺內很多青年已受過高小教育，他們急需升讀中學，因此曹神父向教友募捐一些費用，建成四間木屋作為校舍，1952 年改為中學，正式命名為「天主堂鳴遠中學」。1955 年又遵照台灣僑校的章程，易名為「調景嶺鳴遠中學」。由於曹立珊神父去了台灣，由沈鼎臣神父擔任校長。到 1957 年秋，鑑於該校沒有幼稚園，而調景嶺居民的出生率頗高，1950 年在調景嶺出生的兒童，這時已經七歲，而 1953 年至 1954 年出生的兒童極需要入學，因此於該年開設幼稚園。「鳴遠中學」和「調景嶺中學」的開辦剛剛相反，它是先開中學才開幼稚園的。到 1959 年，學生已有 1527 人。

另外有一間學校也容納知識分子執教，這間學校即是慕德中學。慕德中學的創辦歷史可返溯至摩星嶺時代。在 1950 年 4 月 4 日，有信義會的挪威籍牧師到摩星嶺來，在摩星嶺山上張開篷帳，收容 45 名兒童，在該處教兒童讀書。到 6 月 26 日遷往調景嶺時，這位挪威籍牧師也到調景嶺來，這位牧師的中文名為顧永榮。

顧永榮牧師（Rev Fredrik Knudsen Aaros, 1895-1979）看到調景嶺很多少年兒童都具高小程度，而當時區內只辦小學，因此他先辦中學，以信義會的信義為名，稱「信義中學」。他得挪威教會的幫助，蓋搭葵棚四座，開辦初中一年班，小學則採混合法上課，到 1953 年，初中三的學生要升高中，因此在該年辦高中一年級，到 1955 年，才完全成一中學。1961 年新校舍連成，為紀念挪威皇后 Queen Maud，正式命名為慕德中學，當年學生有 1400 人。

其他還有多間小學，不能盡錄。總之，在調景嶺開發時期，各宗教團體和遷入的居民群策群力，才能建成一個新的社區。

社會局於 1953 年認為調景嶺的難民大部分有工作做，那時調景嶺的對外交通亦比初期方便，也有航安小輪來往於筲箕灣與調景嶺，山上由於建了靈實醫院，醫院方面用以工代賑的方式，招募勞工開路，和通往西貢的公路連接，已有九人座位的客貨兩用車行駛於九龍城至調景嶺，這條車路後來擴建成為現在的寶琳道，是以居民出外工作已極方便，因此便於 1953 年 2 月起，停止派免費飯給有能力工作的人，即 60 歲以下和身體完整的人的飯票停用，每日只派飯給殘廢者和老年人。當時只有 1609 人仍能享受免費飯。到了 1955 年 9 月，台灣當局將全部殘廢軍人接去，於是調景嶺再不派飯了。

當時調景嶺仍有老弱孤寡，是靠吃兩頓免費飯維持生命的，一旦停止派飯，頓感援絕。因此由港九各界救委會派發米代金給他們，成人每月 16 元，小童每月 10 元。這筆米代金的來源，也是從台灣在加徵娛樂稅項下撥給的。

調景嶺經常維持六千多到七千的人口，但卻有三間中學、多間小學，成為教育最發達的新發展地區。按照人口比例，六千多人聚居的地方，是不能容納三間中學的。按照二十世紀六十年代的統計，三間中學共有學生達四千多人，難道當時調景嶺居民有三分之二是學生嗎？

原來，調景嶺的三間中學有一半以上的學生，分別來自港島、九龍和新界。五十年代，香港還未實施免費教育，而調景嶺的中學學費只收十元，而課本亦多為免費供應。最主要的一點，是各中學對於成績優異的畢業生，可保送到台灣各大學去繼續升學，是以從 1955 年起，大量住在港九各區的學生，到調景嶺來讀書。這是該區能容納三間中學的原因，也是該區對香港有所貢獻之處。

從 1957 年起，每年這三間中學的畢業生赴台灣升讀大學的，平均每年約有 30 人。30 年來，這群學生回港就業的約有數百人，其中有若干到美國留學，更獲博士學位及更高榮譽的，他們也常常回到調景嶺來訪問母校。

調景嶺不僅這三間中學都已建成現代式的校舍，就是居民所住的屋宇，已不是寮屋。很多都已建成三合土房屋或磚屋，調景嶺大街的店舖如林，大多數家庭都有電視機，部分且裝有冷氣機。現在到調景嶺去，再也看不到從前開山劈石的情景了。

值得一提的是，居民和睦相處、守望相助，而治安良好是其他新區所少見的。這是由於該處自開發之初即用自治的形式管理所形成的。這裏也沒有黃、賭、毒。

三間中學仍有三千多名從港九各處來上課及寄宿的學生，大部分居民都到港九各區去就業，因此有些記者在中午至下午到調景嶺去採訪，看見街上盡是老年人，説該區人口老化，這是不確實的。筆者將 1981 年的人口統計調查報告有關調景嶺人口結構刊錄於後，作為本文的結尾：

1981 年調景嶺的人口結構														
年齡	0-4	5-9	10-14	15-19	20-24	25-29	30-34	35-39	40-44	45-49	50-54	55-59	60-64	65 以上
人數	399	521	628	725	733	550	359	183	235	225	290	340	332	578
													合計	6098

魯 金 作 品 集

策劃編輯　梁偉基
責任編輯　許正旺
書籍設計　陳朗思

書　　名　香港社會掌故叢談
著　　者　魯金
出　　版　三聯書店（香港）有限公司
　　　　　香港北角英皇道四九九號北角工業大廈二十樓
香港發行　香港聯合書刊物流有限公司
　　　　　香港新界荃灣德士古道二二〇至二四八號十六樓
印　　刷　美雅印刷製本有限公司
　　　　　香港九龍觀塘榮業街六號四樓A室
版　　次　二〇二五年一月香港第一版第一次印刷
規　　格　特十六開（145×210mm）二八〇面
國際書號　ISBN 978-962-04-5333-5

　　　　　Published & Printed in Hong Kong, China.